公路管理体制改革的理论与实践

Theory and Practice of Highway Management System Reform

主编　龙海波　李凤

人民交通出版社股份有限公司
China Communications Press Co.,Ltd.

内 容 提 要

本书是公路管理体制改革的课题研究成果，是在国内外已有研究探索基础上的理论深化、精准评估和实践设计。本书阐述了公路管理体制改革面临的掣肘事业健康有序发展的困境及困惑，论述了改革推进的迫切性、必要性，在关键环节研究上，有大量独到见解和创新点。同时以吉林省公路管理体制改革为研究对象，分析了公路管理体制的现状与趋势，提出了改革思路、方案和政策建议。

本书可为交通运输行业特别是公路管理机构相关人员提供借鉴方案和改革思路，也可作为学习公路管理体制基础理论的参考书。

图书在版编目(CIP)数据

公路管理体制改革的理论与实践 / 龙海波，李凤主编．—北京：人民交通出版社股份有限公司，2016.5

ISBN 978-7-114-12957-5

Ⅰ．①公…　Ⅱ．①龙…　②李…　Ⅲ．①公路管理—技术革新—研究　Ⅳ．①F540.33

中国版本图书馆 CIP 数据核字(2016)第 081202 号

书　　名：公路管理体制改革的理论与实践
著 作 者：龙海波　李　凤
责任编辑：陈力维
出版发行：人民交通出版社股份有限公司
地　　址：(100011)北京市朝阳区安定门外外馆斜街 3 号
网　　址：http://www.ccpress.com.cn
销售电话：(010)59757973
总 经 销：人民交通出版社股份有限公司发行部
经　　销：各地新华书店
印　　刷：北京鑫正大印刷有限公司
开　　本：880×1230　1/32
印　　张：4.125
字　　数：85 千
版　　次：2016 年 5 月　第 1 版
印　　次：2016 年 5 月　第 1 次印刷
书　　号：ISBN 978-7-114-12957-5
定　　价：25.00 元
(有印刷、装订质量问题的图书由本公司负责调换)

编委会

主编单位：吉林省公路管理局

交通运输部管理干部学院

主　　编：龙海波　李　凤

副 主 编：何敬敏

参编人员：张柱庭　包　华　李艳梅　毕艳红　张培林

李丽丽　陈玲玲　王战权　王　东　朱万辉

荆　莉　李继学　单丽辉

前　言

我国公路管理体制改革经历了其他任何一个国家都不曾有过的曲折，管理权限反复下放又反复收回，这种体制上的左右摇摆对公路养护管理工作的影响是深刻而长远的。多年来，一些省份坚持不懈地寻求破解体制障碍的有效路径。以吉林省为例，改革开放以来，吉林省形成了以地方政府为主体、条块结合的公路行政管理体制。这种体制为保障吉林省公路事业的进步发挥了重要作用。但是，随着经济社会的快速发展、法规政策的调整变化、公众出行服务要求的愈加多元，特别是中央财税体制改革和普通公路在管理职责、管养水平、资金保障等方面日渐暴露的问题，都迫切要求从立法依据、制度规定、政策导向、信息公开等方面对普通公路的管理进行重新梳理和完善。为此，交通运输部印发的《关于全面深化交通运输改革的意见》中将推进公路养护管理体制改革作为深化交通运输体制改革四项重点任务之一。杨传堂部长在2016年全国交通运输工作会议上也提出，要深化体制机制改革，激发交通运输发展的内生动力，推动公路、水路领域事权与支出责任划分，全力推进行业治理体系和治理能力现代化。

在这种背景下，从理论和实践结合层面探索公路管理体制的相关问题，显得尤为迫切。本书基于多年在公路管理体制方面研究的优势，以国家对公路管理体制改革宏观政策为指导，研判省市公路管理体制改革的发展趋势，提出系统务实举措，为深化区域性普通公路管理体制改革、提升普通公路管理水平提供理论指导和技术支持，并为全国公路行政管理体制改革提供实践支撑和决策参考。

本书是根据吉林省交通运输厅科研项目《吉林省公路行政管理体制改革关键环节研究》（合同编号：2013-1-13）而编写完成的。该项目负责人为吉林省公路管理局龙海波副局长，研究期限为2013年6月至2015年12月。

限于我们的水平，本书难免会有不妥之处，诚恳接受批评指正。

编　者

2016年3月

目　录

第一章
公路管理体制改革的沿革

第一节 公路管理基本概念

公路是指连接城市之间、城乡之间、乡村与乡村之间以及工矿基地之间按照国家技术标准修建的，由公路主管部门验收认可，供汽车行驶的道路。按照技术等级划分，公路可分为高速公路、一级公路、二级公路、三级公路、四级公路和等级外公路；按行政等级划分，公路可分为国家公路、省公路、县公路、乡公路、村公路（简称为国、省、乡道、村道）以及专用公路六个等级。

普通公路是指除高速公路以外的、为公众出行提供基础性普遍服务的公路，由国省干线公路和农村公路组成；农村公路是指县道、乡道和村道。

管理体制是指管理系统的结构和组成方式，也就是采用怎样的组织形式以及如何将这些组织形式结合成为一个合理的有机系统，并以怎样的手段、方法来实现管理的任务和目的。具体地说，管理的体制就是规定中央、地方、部门、企业在各自方面的管理范围、权限职责、利益及其相互关系的准则，它的核心是管理机构的设置。各管理机构职权的分配以及各机构间的相互协调，它的强弱直接影响到管理的效率和效能，在中央、地方、部门、企业整个管理中起着决定性作用。

具体到公路行政管理体制上说，是指政府在实施公路管理时在组织机构设置、上下隶属关系、职能职责划分等方面的体系、制度、形式的总称。其核心内容体现在三个方面：公路管理部门的组织机构设置，在各级政府中的行政隶属关系，公路管理部门的职能、职责范围。

公路养护是公路养护管理主体、作业单位为保证公路自身的物理状态符合有关技术标准的要求，进行的包括路面平整，路肩、边坡平顺，有关设施完好的管理及作业活动。

公路养护管理体制是指公路养护管理主体、作业单位养护活动的行政管理体制及运行机制，既包括组织结构、管理权限划分等在管理体制中所包含的内容，公路养护系统各组成部分之间处于何种关系以及如何相互作用，又包括在具体养护过程中的资金划拨和工程管理。

第二节　全国公路行政管理体制概况

一、全国公路管理机构设置现状

1. 省级公路管理机构设置现状

目前全国省级公路管理机构设置并不统一，主要分为“一省一局”、“一省两局”和“一省多局”等。

“一省一局”，是指省级公路管理机构只设一个省级公路管理机构，即高速公路、国省干线和农村公路都是由该机构统筹管理，这种情况全国还比较少见，现在实行的省份主要是直辖市，如北京市。

“一省两局”，是指省级公路管理机构将高速公路和普通公路分开管理，设立高速公路管理局和公路管理局，分管不同类型公路，这是现有比较普遍的省级公路管理机构设置情况，如吉林省、湖北省等。还有些省份也是设置两个公路管理机构来统管全省公路，但是是以收费的角度来设置的，如黑龙江省，省级公路管理机构分别设置收费公路管理局和非收费公路管理局。

“一省多局”，是指省级公路管理机构设置三个及其以上的单位，如河南省，省级公路管理机构有三个，分别是公路管理局、高速公路管理局和路政管理局，分别对应分管普通公路、高速公路和路政管理。

由于全国的省级公路管理机构设置不统一，导致对公路的管理和职责分散在不同单位，而这与政府管理的唯一性相冲突。公路管理机构设置的多样性，也是目前我国公路管理体制的重要问题之一。

2. 地市级和县级公路管理机构设置现状

地市级公路管理机构一般只有一个，主要管理辖区内的国省干线，另外指导县级公路管理部门进行公路管理。但目前地市级公路管理机构的定位最为不明确，究竟是省公路局的派出机构，还是地市交通运输主管部门的执行机构，各省的管理意见并不统一，这也导致地市级公路管理机构在公路养护管理时，存在多头管理、互相推诿以及地方干扰等问题。

县级公路管理机构因公路养护主体不同，一般分为两个机构：一是普通公路管理部门，受上级交通运输主管部门委托管养辖区内的国省干道；二是受县人民政府委托，管养县域内农村公路。但也有一些省份由于农村公路养护管理经费缺乏，县政府并没有单独成立农村公路管理局，而是将农村公路的养护职责并入公路局，让县级公路管理机构统筹国省干线和农村公路。也有一些省份虽然是交通运输局主管农村公路管养，但由于公路局是交通运输局下属单位，其管养职责的履行实际是由公路局承担。

3. 公路管理机构的管理体制

公路管理机构的管理体制主要有“条条管理”和“条块结合、以块为主”两种。“条条管理”即公路养护单位直属于省公路管理部门管理。如贵州省，在“条块结合：以块为主”管理中反复两次，最后又实行“条条管理”，如同甘肃省的公路养护管理体制。“条块结合、以块为主”的公路管理体制主要是省交通运输厅下设公路局，省公路局在省交通运输厅的直接领导下，对各市公路管理部门（局或总段）、县公路管理部门（分局、段）实行行业管理和业务指导。一些省份近几年改革后，均实行“条块结合、以块为主”的公路管理体制。这种管理体制主要有两种形式：一是地市级公路养护单位直属于地市政府部门管理，各县公路分局作为市公路局的派出机构，人、财、物由市公路局统一管理，如江西省、山东省、安徽省及福建省模式；二是各级公路养护单位分别直属于地方各级政府管理，即市级公路局（总段）隶属于市交通运输主管部门管理，县公路养护单位隶属于县交通运输主管部门管理，市公路管理部门与县公路养护部门之间为业务指导关系。

二、公路管理事权的行政管理体制

公路管理事权包括公路规划、建设、养护、路政（公路路产保护）、收费公路、监督检查、法律责任追究七项职能。

1. 公路规划行政管理体制

公路规划的职权主要是路网规划的编制权和批准权。公路规划的管理体制，全国基本一致，国道和高速公路路网规划的编制权，是中华人民共和国交通运输部和国务院其他部委，批准权是国务院。

国道规划由国务院交通运输主管部门会同国务院有关部门并商国道沿线省、自治区、直辖市人民政府编制，报国务院批准。

省道规划由省、自治区、直辖市人民政府交通运输主管部门会同同级有关部门并商省道沿线下一级人民政府编制，报省、自治区、直辖市人民政府批准，并报国务院交通运输主管部门备案。

县道规划由县级人民政府交通运输主管部门会同同级有关部门编制，经本级人民政府审定后，报上一级人民政府批准。

乡道规划由县级人民政府交通运输主管部门协助乡、民族乡、镇人民政府编制，报县级人民政府批准。

依照规定批准的县道、乡道规划，应当报批准机关的上一级人民政府交通运输主管部门备案。

省道规划应当与国道规划相协调，县道规划应当与省道规划相协调，乡道规划应当与县道规划相协调。

专用公路规划由专用公路的主管单位编制，经其上级主管部门审定后，报县级以上人民政府交通运输主管部门审核。

专用公路规划应当与公路规划相协调。县级以上人民政府交通运输主管部门发现专用公路规划与国道、省道、县道、乡道规划有不协调的地方，应当提出修改意见，专用公路主管部门和单位应当作出相应的修改。

2. 公路建设行政管理体制

公路建设的资质管理是建设部门，项目审批是发改委和交通运输主管部门。发改委管理建设项目的立项，同时土地和环保部门按职责参加和审批。交通运输主管部门负责建设项目本身的管理，包括项目的过程管理、市场监管、质量监督以及建设安全生产监管、造价等行政管理。

目前公路管理机构主要负责对项目的过程监管、市场监管以及安全生产监管等行政管理。对于质量监督的行政管理，多数地方交通运输主管部门委托质量监督机构监管，但也有个别地方是授权管理，如贵州省和海南省就是地方授权。造价等行政管理由专业的造价管理部门进行监管。北京市是将公路建设的所有职能都划给了路政局。

此外，对于公路管理机构承担项目法人职责这一情况，应该明确的是承担项目法人这一行为属于出资人行为，不是行政管理。因此，一般情况下公路管理机构不应承担项目法人。为解决这一问题，北京市路政局作为行政机关，推行“代建制”，路政局下设事业单位，成立项目中心，承担出资人这一职责。目前深圳市也采用该办法。吉林省出资人职能交给了吉林省住房和城乡建设厅建设局，建设项目法人由建设部门承担。

3. 公路养护行政管理体制

公路养护按照国家法律规定，因国省道、县道和乡道村道的养护主体不同，其对应的行政管理体制也不同。

1）国省干道和县道养护的行政管理体制

国省干道养护的行政管理体制与县道养护管理体制相同，主要分为四种情况。

第一种是管理与养护相结合的体制，也是传统上的养护行政管理和养护实施一体化、大多数省份都采取的管理体制。也就是公路管理机构一方面从事养护生产作业，另一方面对道路养护质量和路况进行监管，如山西省模式、浙江省模式、江西省模式。

第二种是养护企业化体制，也就是将养护实施从现有的公路管理机构中分离出来，公路管理机构只保留养护的行政管理职能，而养护实施由企业执行，如北京市模式。

第三种是军队养护，也就是一些特定的公路的管理和养护全部由军队执行，比较少见，目前新藏、川藏公路的一部分道路的养护、应急抢修由军队负责，被定性为军事行为。

第四种是纯粹企业行为，也就是对于一些公路，其养护和管理都是由企业承担，这种管理体制主要用于经营性收费公路。

由于现有的行政管理体制比较散乱，而且第一种管、养不分的情况也给当前管理、养护带来许多问题。一个机构既代表政府担负公路管理的职能，同时又承担公路养护作业任务，是政、事、企合一的管理体制，这种养护管理和养护作业合一的计划管理模式，造成管理机构重叠，管理效率低下，资源配置难以优化，生产效益难以控制。一方面存在大量非生产人员占用资金，另一方面养护生产一线得不到有效资金保障，同时造成资源的浪费，形成公路长期封闭运行、缺乏竞争活力，严重阻碍了养护生产力的发展。虽然有些地区、省份把现有的养路段、站改为企业或公司，提出“管养分离”与“事企分离”思路，但由于在养老金、债权、债务、资金划分及人员转岗等一系列问题处理方面存在难度，所以没有真正与原有主管部门脱钩，不具有独立法人资格，因此，一个按市场模式运作的养护市场机制还没有真正建立。

2）乡道、村道的养护

法律规定，乡道、村道的管养主体是乡镇政府，所以乡道、村道的养护职能属乡镇政府。但是国家法律、法规里对乡镇政府的定性并不清晰。如《中华人民共和国公路法》（以下简称《公路法》）对公路只采用了行政等级和技术等级的分类方法，没有按功能进行分类的方法；再如《公路法》第十七条授权“国道的命名和编号，由国务院交通运输主管部门确定；省道、县道、乡道的命名和编号，由省、自治区、直辖市人民政府交通主管部门按照国务院交通运输主管部门的有关规定确定。”但没有对村道编号和命名进行授权。《公路安全保护条例》第七十五条指出：“村道的管理和养护工作，由乡级人民政府参照本条例的规定执行。专用公路的保护不适用本条例。”虽然村道管理和养护主体是乡镇人民政府，但乡镇人民政府如何参照，没有法规可以依据。

4. 路政(公路路产保护)行政管理体制

1）国省道、县乡道路产保护的行政管理体制

公路主管部门负责管理和保护公路、公路用地及公路设施，有权依法检查，制止、处理各种侵占、破坏公路、公路用地及公路设施的行为。因此公路管理机构有时会与养护管理相结合。全国路政管理的行政管理体制具体有以下几种类型。

（1）养护行政管理和公路路政保护一体化的管理体制，也就是养护管理人员同时也从事路政保护的工作。这种情况还比较少见，北京市目前就是采用这种管理体制。这种体制可以将人员使用、开展巡逻以及设备利用最大化。

（2）养护行政管理和路政管理分开设置的管理体制。目前大多数省份都采取这一管理体制，如新疆维吾尔自治区、内蒙古自治区、辽宁省、河南省等都是将两者分开。河北省是省级管理机构将公路养护和路政管理纳入在省公路管理局，但是在市、县两级，公路养护和路政管理是分开设置的，成立不同管理机构。分开设置主要是考虑原有收费站收费人员和道路稽查人员人数过多，为了稳定现有的职工队伍以及路政管理的需要。

（3）将路政执法、运政执法、水上执法等交通行政管理内容整合，成立综合执法机构，统一执法，行使路政执法的处罚和强制措施，如重庆市模式。从目前重庆市的运作情况来看，成立综合

执法机构，导致行政审批和执法监督处罚相分离，这样一旦行政审批单位和执法监督单位相互沟通不够，就存在很大的漏洞和风险，反而让不法分子有机可乘，不利于路产路权的保护，这也是目前综合执法无法推行的最重要原因。

2）村道路产保护的行政管理体制

对于村道的养护主体与路政管理主体都有明确规定，都是乡镇政府，但实际在操作上却存在很大问题，乡镇政府根本没有多余的人员进行路政管理，因此，现有村道的路政管理几乎处于空白状态。

5. 收费公路行政管理体制

收费公路目前分为经营性收费公路和政府还贷公路两种。

一是经营性收费公路的行政管理，其收费公路相关的养护都是省级交通运输主管部门进行管理。

二是政府还贷公路的行政管理，其管理主体是省级交通运输主管部门，但本身对路的养护、路政等管理的则是省级交通运输主管部门下属事业单位或者采用托管制来实行。如北京市，大部分收费公路都是北京市首都公路发展集团有限公司（以下简称首发集团）管理，但也有几条公路，机场高速公路是政府还贷公路，则是北京市交通委员会委托首发集团代为管理。

目前对于收费公路的管理主要问题是：省级主管部门对经营性收费公路的行政执法几乎无法到位。管理政府收费还贷路的事业单位靠政府内部实施管理，主要通过管理人财物，而不是行政执法实现。

6. 公路监督检查和法律责任行政管理体制

目前公路监督检查的管理体制一般是与路政管理相结合。但有两个要点：一是对公路建设实施监督检查的，不是公路管理机构，而是交通运输主管部门或质监站。“两乱”——乱设站卡、乱收费，也是由交通运输主管部门管理。二是《公路安全保护条例》提出要对养护进行监督执法，也是行政管理体制里需要增加的和注重的内容。此外，《收费公路管理条例》提出的收费公路的养护监督执法，也属于行政行为。

第三节　公路行政管理体制改革意见回顾

一、拟设置“一厅三局”管理架构

2009 年 2 月，交通运输部印发了《地方交通运输大部门体制改革研究》和《深化中心城市交通行政管理体制改革研究》两个研究报告。研究报告提出了深化我国交通运输行政管理体制改革的指导思想、基本原则、总体目标、主要任务及优化交通运输行政管理组织结构的基本模式，为交通运输主管部门按照大部门、大管理、大统筹、大协调的思路，转变职能、理顺关系、创新体制提供了可借鉴的意见和建议。研究报告建议，交通运输主管部门及其专业管理机构的组织结构模式主要体现为“横向部门制 + 纵向层级制”的直线职能制，以职能定位为基础，横向部门化设置机构，纵向层级化界定权责。

1. 主管部门：一省一厅、一市一局（委）、一县一局

交通运输主管部门的横向结构模式为职能整合的大部门制，即在地方三级政府层面推动形成“一省一厅”、“一市一局（委）”、“一县一局”的组织模式。三级交通运输主管部门的基本职能对象应该包括：公路、水路交通，城市客运和地铁、轨道运营，民航机场，地方铁路（包括城际轻轨）以及综合运输协调等。有条件的地区可争取地方政府支持，纳入城市交通基础设施、交通战备、旅游客运以及口岸、物流协调指导等职能。

2. 专业管理机构：三局加两局

交通运输专业管理机构的横向结构模式为同类归并的部门制。省级层面可实行“3+2”的基本模式，即一般设置公路管理局、港航管理局和陆上运输管理局，选择设置综合执法局（总队）、工程质量和安全监督管理局（站）。市（地）级层面可形成公路管理机构（国省道属于省级事务委托）、港口管理机构、陆上运输管理机构（包括道路运输、城市客运、地铁和轨道交通）以及机场管理机构为主的基本构架。县（市）级层面可形成公路管理机构（农村公路）、道路运输管理机构为主的基本构架。

交通运输专业管理机构的纵向结构模式为“条块结合”的层级制。公路管理机构对国省道可探索实行省以下垂直管理的体制模式，对农村公路可探索实行省与县之间“条块结合、以块为

主”的体制模式。港航管理机构对地方航道、地方海事可探索按流域设置省级垂直管理的体制模式，对港口和水路运输则适宜“条块结合、以块为主”的体制模式。其他专业管理机构大多适宜“条块结合、以块为主”的体制模式。

交通运输部提出的“一厅三局”管理架构，在地方落实得并不理想，归其原因，主要是中央部委对地方缺乏约束力，而地方交通运输主管部门的职责职能确定主要由地方政府决定，导致全国无法统一执行一种模式。

二、推行综合执法

2006 年 6 月，重庆市交通委员会依据《重庆市人民政府关于在全市交通领域实行综合执法试点工作的意见》（渝府发〔2005〕61 号）、《市机构编制委员会关于重庆市交通行政执法总队职能配置内设机构和人员编制的批复》（渝编〔2005〕92 号），开始在全市交通领域实施综合行政执法试点工作，试点实行政策制定职能与监督处罚职能相对分开，即把制订规范性文件和指导性文件、规划协调、行政指导、行政审批以及执法监督等职能（以下称政策制定职能）与实施行政处罚、行政检查、行政强制、行政征收以及部分日常管理等职能（以下称监督处罚职能）相对分开。按照政策制定职能与监督处罚职能相对分开的原则，在市级层面，将路政、运政、港航、征费稽查及高速公路五个方面的交通监督处罚职能进行整合，交由重庆市交通行政执法总队承担，重庆市主城九区范围内的交通执法实行以市为主。重庆市交通行政执法总队为市交委直属的副局级单位，其机构设置情况为：总队下设直属支队、高速公路支队、交通征费局三个正处级机构。直属支队下设直属大队、水上大队及主城九区各大队共11个大队，主要承担原道路运输管理局、公路管理局、港航管理局、交通征费稽查局和主城九区的交通监督处罚职能；高速公路支队由原重庆市高速公路行政执法总队成建制划入，主要承担高速公路上的路政、运政、征费稽查和交通安全管理四个方面的监督处罚职能；交通征费局由原重庆市交通征费稽查局划入，主要承担全市公路养路费的征收职能。主城九区以外的其他区县（自治县、市）将路政、运政及港航等三个方面的交通监督处罚职能进行整合，交由区县（自治县、市）交通综合行政执法机构承担。改革后的综合执法机构所有执法人员统一依照公务员管理，经费由财政保障。

2013年11月，《中共中央关于全面深化改革若干重大问题的决定》（以下简称《决定》），明确指出要“深化行政执法体制改革。整合执法主体，相对集中执法权，推进综合执法，着力解决权责交叉、多头执法问题，建立权责统一、权威高效的行政执法体制”，对解决多头执法问题提出了具体要求。为此，北京市、广东省等市交通运输主管部门开展了一系列的探索和试点，出现了联合执法、综合执法等多种交通行政综合执法模式。

2014年年底，交通运输部印发《关于开展全面深化交通运输改革试点工作的通知》，决定在全国开展九项改革试点工作，其中之一是综合行政执法改革试点。综合行政执法改革试点由交通运输部法制司牵头，在河南省、福建省及广西壮族自治区桂林市先行启动，通过整合交通运输行政执法资源，实行综合执法，在试点地区逐步建立起机构设置及职能配置合理、运作协调高效、执法行为规范以及执法保障有力的交通运输综合行政执法体制和运行机制。

改革试点的主要任务是：明确交通运输综合行政执法机构职能；妥善处理交通运输综合执法机构与交通运输主管部门、专业管理机构的关系，合理划分综合行政执法机构与专业管理机构的职责分工；加强交通行政执法队伍建设，明确执法经费来源渠道。

目前从重庆市综合执法试点来看，在整合执法力量、优化职能配置，加强监督制约、加强规范化管理，提高执法水平等方面取得明显成效。但同时也面临许多问题：一是综合执法机构与相关职能部门的职责划分不够合理；二是综合执法机构与相关职能部门的工作关系尚未理顺；三是综合执法队伍管理不够规范。因此，将综合执法放到深化行政体制改革和建设法治政府的大背景下，进行统筹规划，整合执法资源，界定综合执法职责范围，理顺综合执法机构与有关部门关系，还有很长一段路要走。

第二章
国外公路管理体制改革发展

第一节 美国公路管理体制现状

1. 美国公路概况

美国的国道网称为“州际与国防公路”（全部是高速公路），已经连接了全国5万人口以上的城市。到2013年，高速公路总里程达到7.7万千米，公路里程达658.7万千米，路网密度为0.68千米/平方千米；高速公路占公路总里程的1.42%，却承担着全国22%的交通周转量。近几年，美国公路里程增长缓慢，公路管理主要侧重在养护和管理上。

2. 美国公路管理机构

美国是联邦制国家，政府行政等级分为联邦、州、地方三级，地方政府分为县或郡、市、区、镇、村等不同等级类型。美国的交通运输行政管理体制集中统一，即将铁路、公路、水运、航空、管道等五种运输方式统一归口，实行综合管理。美国联邦政府运输机构为美国运输部。美国运输部下设13个职能机构，其中就有联邦公路管理局，联邦公路管理局由华盛顿总部和区域性办公室组成，主管全美公路规划、建设、养护、运营以及汽车运输的职能部门。它主要是按照各个不同时期由国会批准的法案、对州际高速公路、国家公路系统的建设活动进行资助与管理。局本部是由区域性机构办公室、智能运输合作计划办公室、研究与发展办公室、发展计划办公室、安全与系统应用办公室、联邦属地公路计划办公室、汽车运输办公室、质量协调办公室、公民权利办公室、公共事务办公室、政策办公室、经营管理办公室等12个业务办公室组成。

区域性办公室包括资源中心（分别设在东部的巴尔的摩、南部的亚特兰大、中西部的奥林匹亚和西部的旧金山）、州际联邦资助公路及汽车运输管区办公室（每州一个）和联邦属地公路管理处。管区办公室负责计划、技术、路政管理、道路桥梁安全、交通运营及环保、建设、养护、绿化等管理工作，属地公路处负责落实联邦属地公路规划。其组织机构、部内设机构见图1。

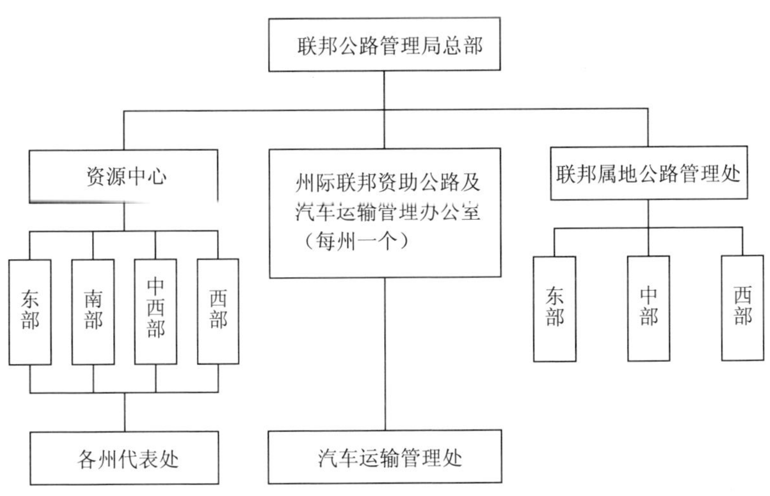

图1　美国公路管理组织机构

3. 美国公路管理机构职能

1）联邦公路管理局的职能

（1）实施联邦资助公路计划。联邦公路管理局管理实施联邦资助公路计划，对各州公路建设和公路交通营运效率的改善进行资助；负责制订和管理公路和城市道路上的交通控制设施的标准，管理交通工程项目；负责管理技术转让和乡村道路援助计划，帮助州和地方满足运输需求。

（2）汽车运输管理。为了减少大型货车对路面的破坏，联邦公路管理局审查各州货车尺寸和质量标准实施计划，并要求各州每年上报执行情况；负责协调各州对货运车辆登记和征税的规定，提倡统一和简化登记和征税手续；负责全国营运车辆驾驶员执照的管理工作（发照由各州负责），包括制订全国统一执照的颁发标准，建立全国执照信息中心，发照前的技术考试，以及对各州推行营运车驾驶员发照工作的资助；负责监督、评价和协调汽车运输方面的研究、发展和技术转让；负责建立和管理“全国货运汽车网”，其目的是使大型货车在长途跨州运行时不受各州的尺寸和质量规定的限制。

（3）公路安全。联邦公路管理局同其他管理机构一起共同负责联邦政府的公路安全计划，侧重管理以增进安全为目的的公路建设项目。

（4）联邦土地上的公路建设。管理局通过与联邦土地管理部门签订合作协议的方式管理联邦土地上的公路建设计划，包括林区道路、公有土地上的道路、公园道路和印第安人保留地公路等。

2）地方公路管理局的职能

地方政府公路管理机构主要是指州以及地方公路管理机构。州级公路管理机构，即州运输厅的主要职能是：负责本州公路的建设、运营、养护和管理，具体包括规划、计划、选项、设计、施工、运营、养护和管理。因此，州级公路管理机构的职权非常大。而联邦政府虽然对公路建设和改造，尤其是高等级公路的建设和改造贡献很大，但联邦政府负责管理公路里程却很少，主要是联邦属地公路，包括国家森林公路、公园道路、印第安人保留地公路、国防专用公路计划以及其他公共土地公路。

州以下的地方政府，如县政府公路管理部门主要负责管理一些流量小、等级低的地方公路，在机构设置上有的不设正式的公路部门，而由其他部门统管。

3）联邦公路管理局与地方公路管理局的关系

联邦公路局负责制订全国公路网规划，重点是国家公路系统规划，并帮助各州制订州公路网规划；负责审核各州的公路项目计划，包括建设、改造和养护计划；制订全国统一的公路技术标志，并为各州公路建设和改造提供技术支持；分派联邦资助公路基金，资助各州公路建设和改造；垫支各州公路养护费用，监督各州公路项目资金的使用；监督各州公路项目工程的质量。上述各项工作由联邦公路局各部门及地方办事机构具体落实。

各州政府公路管理机构（即州运输厅）负责制订本州公路网规划，并报联邦公路管理局批准；制订本州公路项目计划，并报联邦公路管理局审核；分配本州资助公路基金及其他公路资金，资助本州公路的养护和管理，并具体负责本州公路设计和施工等建设和改造工作；负责本州公路的养护和管理，承担养护和管理费用。上述各项工作可以得到联邦公路管理局和有关职能部门及地方办事机构的支持。

4. 美国公路管理运行机制

（1）公路建设、运营的主要管理机关是各州、市、县地方政府。负责收集和分配道路使用税是各州政府的主要职能之一，州运输厅直接负责对已有的州公路网进行建设和维修，几乎所有大交通量的公路，都是由其直接管理。各县、市政府一般均设有交通运输主管部门，其公路管理职能根据各州规定而不尽相同。一般只管理交通量小、建设标准低的地方道路。20 世纪 50 年代中期美国国会通过《联邦资助公路建设法案》，根据这一法案，美国州际高速公路的建设资金主要是联邦政府与州政府按照 9 ：1 的比例投入资金，地方财政、联邦补助和其他资金，这三方面资金是一般公路交通资金来源的主要途径。地方财政、联邦政府补助的资金来源主要有以下几个方面：公路信托基金、其他来源 [例如 IF（Impact Fee）、SAD（Special Assessment District）和 TIF（Tax Increment Financing）三个收费系统，BOT（Build Operate Transfer）融资形式以及征收财产税、一般基金和地方公路使用税等]。

（2）公路养护不划分公路等级界限，按照美国州公路及运输协会（American Association of State Highway and Transportation Officials，简称 AASHO）《养护手册》，养护管理机构和养护作业机构的设置是按地理或行政区域划分的。对收费公路，其设置一般必须通过州议会特许经营立法，立法条款不仅包括了机构的设立、经营范围及期限，还对收取资金、使用资金及维修养护的责任作了详尽的规定。

（3）管理机构一般把养护工程承包给私人养护公司，纯养护型作业（小修、工序简单、工作量小）由小型养护公司承包；对工作量大、工序复杂的大修、返修工程则由施工公司承担；高速公路多采用高效专用设备（如多功能养护车等）。按照 AASHO 编写的《成员组织现场承包养护概况》和《典型承包养护工程工作和各种范围及单位成本》规定，管理机构以业主的身份负责承包工程的谈判，并监督合同执行和验收工作；在养护公司的选用上充分考虑到养护现场的距离及许可的时间因素，在人员及装备配置上充分体现了技术密集型的特点。养护作业全部实行机械化，各个环节都安排有技术过硬、技能高超的技术人员。

（4）目前美国大规模的公路建设已经基本完成，公路干线已十分完善。对公路的投资主要用于路段的改造及维修养护，公路养护重在科技管理，如堪萨斯州一级公路全长 380 千米，配备 123 名养护技术人员，约每 3 千米 1 人，可见公路养护的技术人员分布密度之高。美国公路养护管理体系也已基本完善，州际公路平均 60 千米设置一个服务区，日常养护工作由服务区完成，路面预防性养护及路面翻修养护则由专业公司完成。美国还制订了公路维修养护和养护机械的一些规范，如 AASHO 编写的《养护手册》、《路面修复手册》等。可以说美国公路养护管理已经走上了标准、规范的道路。

第二节 日本公路管理体制现状

1. 日本公路概况

日本公路实行统一所有，分级管理，即所有权统一归国家所有，中央和地方各级政府及道路公团分别代行出资人职责，管理各类公路、包括养护及收费道路的收费等运营管理。日本公路一般分为高速公路国道、一般国道、都道府县道和市町村道等四类。

截至2005年3月底，日本全国公路通车里程已达121万千米。其中高等级干线公路达1.2万千米，高速公路达2480千米，一般公路约120万千米（主要包括辅助国道约5.4万千米、都道府县道路约13万千米，市镇村道路约97万千米）。目前已成为世界上公路密度最大、拥有最先进综合交通系统的国家之一。

2. 日本公路管理机构设置

日本的公路管理可以分为三个层次，见图2，中央层次是国土交通省大臣领导的日本公路局，都道府县级（相当于我国的省级）和市町（相当于县级）均设有相应的公路管理机构。所有高速公路国道及其他收费道路都是由道路公团负责管理，一般国道，中央政府主管部门按规定直接管理一部分公路，都道府县政府主管部门管理一部分，中央政府对管理费用予以补助；都道府县道全部由都道府县政府主管部门管理；市町村道全部由市町村政府主管部门管理。

在日本不同类别的公路承建主体不同，其中承建高速公路的是道路公团,是由按照地域划分的七大股份公司组成。都道府县公路、市镇村公路则分别由都道府县、市镇村级的地方道路公司或地方公共团体承建和管理。

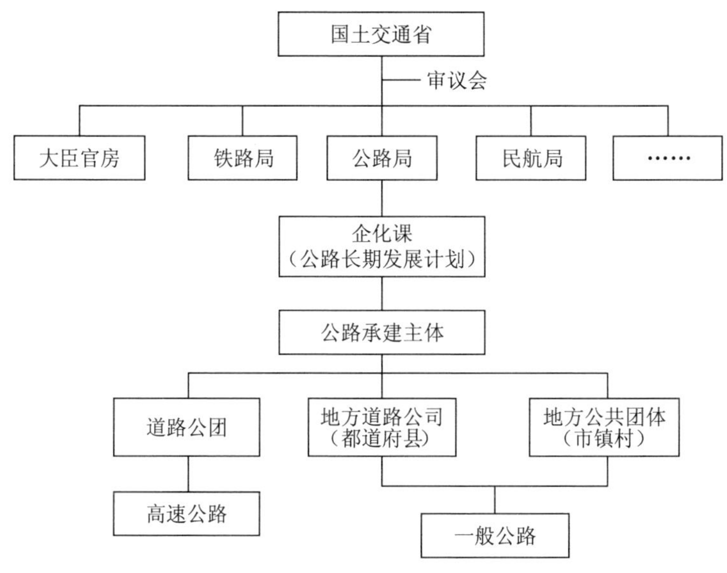

图 2　日本公路建设和管理体制

日本公路局是国土交通省下设的众多专业局委中专门负责公路的规划、开发、建设管理的政府职能部门,其主要职责就是制定政策、法规、检查监督,并协调各都道府县和道路公团管理国家公路。近年来,公路局为了提高对公路建设与管理的监控力度,在全国又下设了八个地方建设局,并在建设局之下组建了众多的相关事务所及办事处。后来为扩大地方自治权力,地方建设局与地方港湾建设局合并为地方整备局,地方整备局中保留了地方建设局相关的公路建设和管理的职能。

3. 日本公路管理机构职能

日本公路交通基础设施资产管理机构按政府级别分级设置，主要分为中央政府管理机构和地方政府管理机构。

1）中央政府管理机构职能

中央政府管理机构即国土交通省，具体职能部门主要有两个：公路局和都市与地方建设局。

公路局是国土交通省下设的众多专业局委中专门负责公路的规划、开发及建设管理的政府职能部门。其主要职责就是制定政策、法规，检查监督，并协调各都道府县和道路公团管理国家公路。即具体制订公路长期发展规划；负责公路建设预算的核定与调整；大力推进公路交通信息化管理；构筑立体化交通体系。

都市与地方建设局主要是参与公路的规划和建设，设立了八个地区性分局。该局与公路交通基础设施资产管理关系比较密切的部门一般包括规划科、道路科和征地科。规划科负责与国土和地区开发规划有关的工程协调、技术、管理、调查和研究工作；道路科负责与道路工程有关的调查、研究、规划、设计、施工、养护和管理工作；征地科负责与道路建设有关的征地与补偿事务。

2）地方政府管理机构的职能

地方政府管理机构主要是指都道府县一级的管理机构，一般设有公共工程局、国土开发局或基础设施局。主要职能是负责域内道路的规划、建设、养护和管理。具体工作由下属的各部门负责，一般包括规划科、路政科、道路建设科和道路养护科等部门。

3）日本道路公团的职能

日本道路公团是以建设和管理收费公路为主要业务的特殊法人，总裁和监事由建设大臣任命，副总裁和理事由总裁任命，建设大臣认可。日本道路公团的主要业务范围包括高速公路及收费公路、收费停车场及高速公路相关设施（汽车站、货场等）的建设和管理。在公团总部以下设有区域性的负责高速公路管理和收费的管理局；在管理局以下，按区域设有负责养护维修的管理事务所。为降低收费公路的管理范围，并保持一定的服务水平，日本道路公团将大部分收费业务按地区分别委托给当地的私营公司来承担。

日本道路公团对所管理的高速公路负有养护责任、具体养护工作是由管理事务所组织。养护工作分为日常养护作业和定期养护作业。日常养护的主要内容包括道路的检查、清扫、绿化、小型维修和冬季除雪；定期养护作业包括桥梁及构件喷漆，改善路面、更新设施等，还包括随着车流量的增大，在已运营的高速公路上增加出入口，扩建停车场和服务区，落实环保对策和改善、增设通信、信息发布设施等。高速公路养护和管理所需要的资金是按照日本道路公团法的规定编报养护资金计划，经建设大臣批准后实施。

收入预算包括通行费收入、财政拨款、业务收入、国家投资、社会资金收入、民间借贷和其他外债，支出的经费有建设费、养护维护费、业务管理费、灾害恢复费、本金偿还和支付利息等。在高速公路养护管理的总费用中，养护管理费占 42%，工程改善费占 55%，防灾对策费占 2.6%。

第三节　英国公路管理体制现状

1. 英国公路概况

英国交通基础设施较齐全，陆路、铁路、水路、航空运输均较发达，伦敦有十分发达的地铁网。1994 年英法海底隧道贯通，将英国与欧洲大陆的铁路系统连接起来。英国公路总长达 39.4 万千米，其中 3540 千米为高速公路，承担着 19.8% 的交通量；3.08 万千米为 A 级公路，承担 44.3% 的交通量。截至 2012 年年底，注册的机动车辆总数为 3450 万辆，新增机动车 247 万辆。

英国的国家公路网由高速公路及 A 级公路中的主骨架及主干线公路组成，区域路网由部分 A 级、B 级公路组成，地方路网由部分 B 级、C 级及未定级道路组成。

2. 英国公路管理机构设置

英国公路交通运输非常发达，实行运输部、地方公路管理部门两级管理体制。英国运输部对苏格兰和威尔士公路部门只是从技术标准和规范角度予以指导，苏格兰和威尔士的公路部门及其路网体系不受英国运输部和公路局制约，自己制定公路发展规划和公路年度投资计划，公路资金虽来自中央（主要来源是燃油税和新车购置税），但对费用的管理使用拥有自主权。

在英国，公路的养护，根据公路等级和功能不同，分别由国家运输部和地方政府负责。运输部主要负责高速公路、干线公路和主要公路的养护，而其他公路则由地方政府负责养护。公路养护资金分别有中央和地方政府财政预算支出。

3. 英国公路养护管理体制

英国干线公路的养护管理实行三级管理体制，由运输部公路管理养护局统一负责。运输部根据全国干线公路的分布，将全国干线公路网划分为九个区，每个区设立一个直属于运输部的区公路局，负责本区的公路养护管理。区公路局又通过签订合同协议书的形式，将干线公路分段委托给所经县、郡、市的当地政府作为其养护代理，负责各辖区内干线公路的养护管理。

英国实行的三级公路养护管理体制中，各级管理机构的职责主要是进行公路养护的技术、财务和合同管理。养护管理机构没有自己的施工队伍，所有养护工程的施工和专项路况检测工作，则是通过招标委托承包人或专业技术公司完成。为了简化招标工作和便于合同管理，运输部编写了自己的公路施工和养护合同文件范本，招标和评标的具体工作由养护代理按照运输部规定的程序办理，养护代理在养护施工合同中处于业主地位。通常情况下，合同授予符合标书要求并且报价最低的投标人。养护工程招标的合同文件草稿，由养护代理根据运输部的公路施工和养护合同文件范本编写，在发出招标通知书前 6 周，报送区公路局，在合同文件草稿中，任何与范本不符之处，应向区公路局说明，得到批准后，招标文件才能发出。

投标邀请函仅发给经过挑选的承包人。运输部保存有公路施工承包人各方面的记录，包括详细的财务情况、可能承担的合同类型和大小、以往完成的工程情况、施工质量、目前以及今后可能承包的工程等，这些信息可供业主作为挑选邀请承包人投标名单时的参考依据。

养护工程根据工程规模的大小，采用三种不同的招标方式。

（1）合同估价在 100 万英镑（约 1000 万元人民币）以上的工程，必须在欧洲共同体（European Communities，以下简称欧共体）的官方杂志上刊登招标通告。养护代理负责按照运输部和欧共体批准的格式和规定，编写并刊登招标通知。招标通知中要求承包人直接向运输部申请投标，由运输部对报名投标的承包人进行资质审查，从中挑选出邀请投标的公司名单。

（2）合同估价在 10 万～ 100 万英镑（约 100 万～ 1000 万元人民币）的工程，由养护代理提出邀请投标的公司的名单与工程简介、建议招标的日期、投标期限，在邀请投标日期前 4 周递交区公路局。同时，养护代理还应向区公路局说明列入名单的公司于何时申请投标和列入名单的理由。区公路局将根据养护代理建议的名单和运输部掌握的承包人信息，最后确定邀请投标的公司名单。必要时，由区公路局邀请养护代理一起协商名单的变动。区公路局负责对列入邀请投标名单的承包人进行资质审查，并将最终确定的公司名单通知养护代理，同时授权养护代理发出投标邀请。

（3）合同估价 10 万英镑以下的工程，养护代理可以从自己掌握的合格承包人名单中挑选邀请投标的公司，一般应挑选出 6 ～ 7 家具备技术和财务能力的公司，确认的名单应报区公路局批准，目的是确定养护代理的资质预审结论是否正确。应养护代理的要求，区公路局可以建议适当的公司。对于估价低于 10 英镑的合同,如果合同文件草稿符合合同文件范本,区公路局可以自行决定是否进行审查。

养护工程的招标,如果邀请投标的公司名单是由区公路局经过选择提供的,可以不要求投标人缴纳投标保证金。当养护代理认为有必要收取某一公司的投标保证金时,应向区公路局提出建议。

4. 英国建养资金来源与使用

英国公路建养资金实行预算制。公路建养资金来源于燃油税、机动车辆牌照税。由议会通过财政预算拨付给运输部,运输部根据公路局测算,经由交通大臣批准,将干线公路网建设和养护资金拨给公路局。公路局一方面拨款给承包人和咨询公司,用于公路的设计和施工合同的支付;另一方面,拨款给养护代理机构和承包人,用于路网经营和养护合同的支付。

地方道路全部由地方政府公路管理机构管辖,所需建设、改善和养护资金一部分来源于地方政府收入,一部分来源于国家财政部的补助资金。

第四节　国外公路管理体制的启示

通过对一些发达国家公路管理模式的研究,可以得出一个基本结论:每个国家的公路管理模式与该国的政治体制、经济发展水平以及公路的发展历史密切相关，且模式各不相同。但是，基本都具备以下这样几个特点，值得我们借鉴。

（1）全国统一的公路管理机构设置。大多数国家在全国设有统一的公路管理机构，并按公路的层级划分，对公路进行统一领导下的分级管理。一般为三层次模式，即中央政府管理机构、省级政府管理机构和县级管理机构。如英国实行运输部、公路局和地方公路管理部门三级管理体制。美国联邦运输部下设联邦公路管理局，并在各地成立了地区性办事机构；对于各州，一般设有运输厅，负责本州公路建设、运营、养护和管理；州以下的地方政府公路管理部门主要负责一些流量小、等级低的地方公路。日本在中央一级设国土交通省公路局，地方政府管理机构主要是都道府县一级公路管理机构。

（2）按公路功能分类对管理职能进行划分。公路功能分类，是指以公路的本质属性或其他显著属性特征作为根据，把各种等级层次或类别的公路集合成类的过程。功能分类与公路交通出行特性、公路交通出行需求及公路服务特性密切相关。

按功能对公路进行分类，意义在于通过建立起层次分明、功能明确的公路网体系，以满足不同层面的社会经济发展需求。公路主干线形成公路交通运输的大通道系统，为市县区域社会经济长远发展战略服务。公路次干线提高主干线的通达深度和辐射效应，同时，通过对公路网结构的优化，提高路网使用效能和服务水平。对公路管理而言，明确各层级公路的功能，可以使中央、省、地、市县各级在各层次公路的规划、建设、管理等方面指责分明，更好地协调局部和整体的利益关系。

（3）国外在公路养护管理方面的立法比较健全。大部分发达国家有较为完备的公路管理法律、法规，以这些法律、法规为核心构建法律体系涵盖了公路规划、建设、养护和特许经营的各个方面，同时还对各级公路管理机构的权利和义务进行了较为明确的规定。通过立法的形式，对各级政府在路网管理中的职责、公路管理机构设置、任务和目标及管理工作制度等事宜加以明确说明，减少了管理过程中人为因素的干扰。而且法规十分具体，具有极强的可操作性。各级政府交通运输主管部门和公路管理机构的事权和职责十分明确，部门之间不存在因事权不清、主体不明而带来的矛盾和冲突。各级公路管理部门对在工作中所出现的问题，主要通过法律途径来监督和裁决，公路管理部门只是作为一个职能部门在法律职责范围内开展工作。以日本为例，共有《日本道路法》、《道路构造令》等11部法公路管理方面的法规，对公路管理机构的设置和职责、公路资金和建设养护、车辆管理、桥梁收费等都作出了明确的规定。相比之下，我国的公路管理法规建设还比较滞后，仅有1997年出台的一部公路法，而且其中的规定原则性过强，难以操作。这在一定程度上决定了现阶段公路管理政出多门，权责不清。这种制度缺陷直接导致了公路管理中各种问题的出现，在一定程度上制约了我国公路事业的发展。

第三章
公路管理体制改革面临的形势

第一节 国家大部制战略明确了未来交通运输行业发展思路

1. 十八大报告提出决策、执行、监督职能的适度分离

中国共产党第十八次全国代表大会（简称十八大）报告提出，推进决策、执行、监督职能的适度分离。凡涉及法规政策、标准规范、发展规划等抽象行政行为的决策职能，应由交通运输主管部门集中行使；凡涉及直接从事公共服务和行政执法等具体行政行为的执行职能，原则上由交通运输主管部门设立专业管理机构分类行使；凡涉及对行业行政主体及其公务人员实施监察督导的职能，原则上由专门的监督机构（如审计监察机构）独立行使，在行业内部建立健全决策、执行、监督既相制约又相协调的权力运行机制。

按照国家行政管理体制改革的总体要求，积极推进决策、执行、监督职能的分离，提高管理效能。省级交通运输主管部门是公路管理决策和监督机构，具体负责制定公路管理法规、行业政策、标准规范及发展规划等行政职能；省级公路管理机构具体负责公路养护（绿化）、路政管理、收费公路监管、涉路行政审批、公共服务、应急处置及公路相关数据统计等具体行政行为。

2. 交通大部制改革提出加强公路公共服务能力

2013 年 3 月，《国务院机构改革和职能转变方案》获得通过，其中提出实行铁路政、企分开，将原铁道部拟定铁路发展规划和政策的行政职责划入交通运输部，交通运输部统筹规划铁路、公路、水路、民航发展。2013 年 11 月，《关于交通运输部有关职责和机构编制调整的通知》（中央编办发〔2013〕133 号）（以下简称《通知》）正式印发，对大交通部的调整方法和架构作出明确说明。《通知》中明确，交通运输部管理国家铁路局、中国民航局、国家邮政局，负责推进综合交通运输体系建设，统筹规划铁路、公路、水路、民航以及邮政行业发展。除此之外，交通运输部还负责拟定交通发展战略、政策和法规、指导规划，起草涉及综合交通运输的法律、法规及草案等。

这次改革的重要任务之一就是强化社会管理和公共服务，在应急处置方面，要求强化国家公路网运行监测和应急处置协调工作。监督管理方面，负责监测分析交通运输运行情况，发布有关信息；承担公路、水路国家重点基本建设项目的绩效监督和管理工作。

第二节　国家事业单位改革明确了政、事分离

2011 年国务院发布的《中共中央国务院关于分类推进事业单位改革的指导意见》（以下简称《指导意见》）提出，划分现有事业

单位类别。在清理、规范基础上，按照社会功能将现有事业单位划分为承担行政职能、从事生产经营活动和从事公益服务三个类别。对承担行政职能的，逐步将其行政职能划归行政机构或转为行政机构；对从事生产经营活动的，逐步将其转为企业；对从事公益服务的，继续将其保留在事业单位序列、强化其公益属性。到2015年完成事业单位分类，到2020年要建立起中国特色公益服务体系。

1. 大力发展公益事业

新中国成立以来，我国进行过多次包括事业单位在内的机构改革，基本上都是以“精简”为基调，一些人甚至形成了“改革就要精简”的惯性思维。这次分类推进事业单位改革，鲜明地突出了发展的主题。在指导思想上，明确要坚持以促进公益事业发展为目的，不是简单地减人、减机构、甩包袱。在改革任务上，提出要创新体制机制、强化政府责任、加大财政投入力度等，进一步“激活存量、培育增量”。在组织实施上，强调要把确保公益事业健康发展作为改革的一条底线。分类推进事业单位改革之所以突出发展这个主题，一是贯彻落实科学发展观，推动经济社会全面协调可持续发展的必然要求。客观地讲，现在不少事业单位人浮于事，但这是局部的，并且主要是结构性问题。经济发展与社会发展“一条腿长、一条腿短”，公益服务供给总量不足，却是基本层面的问题，也是当前面临的主要矛盾。二是保障和改善民生，加快建设服务型政府的内在要求。当前，人民群众对一些公益服务问题反映强烈。通过事业单位改革，大力发展公益事业，不断提高服务质量，才是解决这些问题的根本出路，也是政府的基本职责。三是转变经济发展方式，促进经济平稳、较快发展的客观需要。转变经济发展方式要求充分挖掘我国内需的巨大潜力，促进公益事业发展，既是改善民生的重要内容，又属于扩大内需的重要范畴，抓住了两者的结合点，体现了增强发展动力与实现发展目标的有机统一。

2. 科学划分事业单位类别

分类是认识和改造客观世界的重要方法。根据事物某种属性或特点的差异，辩证地分析和研究事物的条件、现状和趋势，将事物从一个整体划分为不同的组成部分，有利于更好地把握不同类别事物发展的内在规律。我国事业单位超过 120 万个，情况复杂，差异极大。在管理实践中，按照不同角度和标准，已经对事业单位进行了多种形式的分类。比如，按照行业分为教育事业单位、文化事业单位、卫生事业单位等；按照经费来源形式分为财政补助事业单位和经费自理事业单位等。这些划分，满足了特定管理和相关方面的需要。

《指导意见》明确提出改革要以分类为基础，并根据新情况和新要求，创新了两种分类方法。其一，按照社会功能将现有事业单位划分为承担行政职能的、从事生产经营活动的和从事公益服务的“三大类”。这一划分，不同于一般意义上的类别划分，分出的“三大类”不是长期存在的类别，而是暂时的、过渡的。上述前两大类，将分别通过“转行政”和“转企”而消失；从事公益服务的这一大类，也因其他两大类的消失而失去类别意义（将来所有事业单位都是从事公益服务的)。在一定意义上,分出“三大类”是为了取消“三大类”。“三大类”的划分,本质是廓清事业单位的边界和范围,目的是解决现有事业单位普遍存在的政、事不分,事、企不分,功能模糊所带来的政府职能行使不规范、事业单位偏离公益目标以及市场竞争不公平等问题。其二,根据职责任务、服务对象和资源配置方式等情况,将公益类事业单位分为“两小类”,即公益一类和公益二类。这一划分属于一般意义上的类别划分,分出的两类也将长期存在。其目的是,针对这两类事业单位的不同特点,分别实施不同的改革和管理。总之,《指导意见》关于分类的要求,既抓住了事业单位的共性问题和突出矛盾,又结合事业单位的类别差异提出了切实可行的解决办法,为进一步强化事业单位公益属性、深化相关改革奠定了坚实基础。

3. 着力创新体制机制

计划经济时期形成的事业单位管理体制的基本框架,可以用两句话概括:一是部门所有,二是部门直接管理。以往对事业单位管理体制进行了一系列以扩大事业单位自主权为核心内容的改革,在一定程度上使事业单位从消极、被动的附属部门,逐步变为相对独立的能动实体,取得了明显成效。但部门所有、政府部门直接管理的体制框架并没有从根本上打破。而且,在简政放权时,与之相适应的新的规制没有及时跟进,出现了一些事业单位小团体利益膨胀、偏离公益目标等问题。如何既能充分激发活力、又能确保公益属性,并从根本上打破“一统就死、一放就乱”的怪圈,成为改革的重要课题。

《指导意见》针对当前存在的深层次矛盾和问题，明确提出“以深化体制机制改革为核心”，部署了一系列改革任务。这些要求和部署抓住了事业单位改革和发展的关键所在，主要体现在“五个转变”上：一是实现部门所有向独立法人的转变。理顺政府与事业单位的关系，减少行政主管部门对事业单位的微观管理和直接管理，推进管、办分离，落实事业单位法人自主权。二是实现从传统管理到现代治理的转变。完善法人治理结构，由政府一家管理转为政府、行业组织和人民群众代表等多方共管，由上级对下级的行政命令式管理转为多方平等协商式管理。三是实现身份管理向岗位管理的转变。健全事业单位人事管理制度，完善收入分配激励约束机制，解决事业单位人员能进不能出、能上不能下等问题。四是实现单位保障向社会统筹的转变。完善事业单位及其工作人员社会保障政策，建立事业单位养老保险制度，统筹考虑养老待遇水平，解决事业单位工作人员的后顾之忧。五是实现政府包揽向多元发展的转变。强化政府责任，完善相关政策，鼓励社会力量兴办公益事业，充分调动各方面的积极性。

第三节　国家财税体制改革明确了未来交通资金来源和走向

1. 专项资金管理日趋规范

国务院办公厅转发发展改革委、财政部、交通运输部《关于进一步完善投融资政策促进普通公路持续健康发展的若干意见》（国办发〔2011〕22 号）规范成品油价格和税费改革转移支付资金使用要求：省财政、交通运输等部门积极向国家申请地方政府债券发行规模、中央车购税资金、成品油价格和税费改革转移支付增量资金及各类专项补助资金。各级财政、交通运输主管部门对各类专项资金要按照有关管理规定，专款专用，确保普通公路建设和养护需要。

一是关于省级地方债。根据国家相关规定：在规范政府性债务管理和风险可控的条件下，在现行中央代理发行地方政府债券制度框架内，考虑普通公路建设发展需求因素，适当扩大发行债券规模，由地方政府安排用于普通公路发展。并且，在《财政部关于做好发行 2012 年地方政府债券有关工作的通知》（财政〔2012〕27 号）以及《关于做好利用中央代发地方政府债券资金　支持普通公路发展有关工作的通知》（交财发〔2012〕290 号）文件中，明确要求债券资金要优先用于普通公路发展。

二是关于专项资金的使用范围。包括：纳入交通运输行业规划范围的公路（含桥梁、隧道）建设、公路客货运枢纽（含物流园区）建设、内河水运建设以及国务院和财政部批准的其他支出。专项资金按项目管理，实行财政专项转移支付，不得用于平衡一般财政预算。

三是关于规范成品油价格和税费改革转移支付资金使用。成品油价格和税费改革后，新增成品油消费税收入基数返还中替代公路养路费支出部分和增量资金中相当于养路费占原基数比例的部分，原则上全额用于普通公路的养护管理，不得用于收费公路建设。新增成品油消费税收入中每年安排各地用于政府还贷二级收费公路撤站债务偿还的专项资金,在债务偿还完毕后,全额用于普通公路养护管理和建设。加大了成品油价格和税费改革新增税收收入增量资金对普通公路养护管理和建设的转移支付力度。

四是抓紧研究制定公路管养体制改革方案,进一步明确公路事权归属,分清各级政府责任,逐步理顺公路管理体制机制。要根据明晰事权、理顺管理体制的要求,认真总结实践经验,适时修订完善相关法律法规。

2. 创新财税体制改革思路

一是改进预算管理制度。预算管理制度是现代国家治理的基本制度与法治国家的基本要求。目前我国预算审批包括收入、支出和收支平衡,但核心是收支平衡,而不是支出规模与政策,党的十八届三中全会通过的《决定》指出,审核预算的重点要由平衡状态、赤字规模向支出预算和政策拓展。这一原则命题揭示的重大政策转向是,税收不再是各级政府预算确定的任务,而是预期目标。这有利于税务机关按照法律征税,避免为了完成任务多收或少收的体制弊端。不仅如此,这一原则规定打破了各级财政固有的"重收入、轻支出"的倾向,有助于推动各级政府财政支出结构进一步优化,有助于纳税人判断政府为社会成员提供的公共物品和服务的范围、数量和质量。另外,《决定》指出要建立跨年度预算平衡机制、权责发生制的政府综合财务报告制度,以及规范合理的中央和地方政府债务管理及风险预警机制，以期为增强预算科学性和执行的有效性提供重要机制保障。

二是完善税收制度。税收是政府收入的基本形式，是国家存在与公共治理的基础，也是实施宏观调控、调节收入分配的基本工具。《决定》提出深化税制改革的重点内容包括：全面推进增值税改革乃至将增值税推广到全部服务业，把不动产纳入增值税抵扣范围，建立规范的消费型增值税制度；推进消费税改革，调整征收范围、环节和税率，进一步发挥消费税的调节功能；加快房产税立法和改革步伐，提高保有环节的税收；推进资源税从价计征改革，推动环境保护费改税，进一步发挥税收促进资源节约和环境保护的作用；加快完善个人所得税征管配套措施，逐步建立健全综合与分类相结合的个人所得税制度。

三是建立事权和支出责任相适应的财政制度。事权划分是现代财政制度有效运转的重要前提。要由粗到细设计中央、省、市县三级政府事权（支出责任）明细单，列明各自专享事权以及共担事权的共担方案，并在今后渐进优化与细化。在明确政府间事权划分基础上，界定各级政府间的支出责任，明确划分政府间收入，再通过转移支付等手段进行调节上、下级政府、不同地区之间的财力余缺，补足地方政府履行事权存在的财力缺口，实现事权和支出责任相适应。在此基础上，保持现有中央和地方财力格局总体稳定，结合税制改革，考虑税种属性，进一步理顺中央和地方收入划分。

第四节　全面深化体制改革明确了事权与支出责任相匹配

党的十八届三中全会提出建立事权和支出责任相适应的制度。适度加强中央事权和支出责任，国防、外交、国家安全以及关系全国统一市场规则和管理等作为中央事权；部分社会保障、跨区域重大项目建设维护等作为中央和地方共同事权，逐步理顺事权关系；区域性公共服务作为地方事权。中央和地方按照事权划分相应承担和分担支出责任。中央可通过安排转移支付将部分事权支出责任委托地方承担。对于跨区域且对其他地区影响较大的公共服务，中央通过转移支付承担一部分地方事权支出责任。

党的十八届四中全会提出依法行政与法治政府建设。明确了法治政府的六点特征：职能科学、权责法定、执法严明、公开公正、廉洁高效、守法诚信。要求政府机构、职能、权限、程序、责任法定化，推行权力清单制，健全行政重大决策的法定程序、合法性审查机制、责任追究制度，深化行政执法体制改革，全面推进政务公开等。

1. 明确事权划分

要建立事权与支出责任相适应的制度，一个重要前提是明确事权。正如全国政协委员、财政部财政科学研究所所长贾康所说，明确事权是深化分税制改革中制度设计和全程优化的始发环节，只有各级政府间事权划分合理化，支出责任才可能合理化。

现行的财税体制，是在1994年分税制改革的基础上逐步完善形成的。当时提出了“财权与事权相匹配”的原则，但考虑更多的是财政收入的层级配置，而没有明确界定各级政府的事权与支出范围，导致目前我国中央和地方政府事权和支出责任划分不清晰、不合理、不规范。主要表现在：一些应由中央负责的事务交给了地方承担，一些适宜地方负责的事务中央承担了较多的支出责任。同时，中央和地方职责交叉重叠、共同管理的事项较多。这种状况客观上造成地方承担了一些不适合承担的事务，而中央不得不通过设立大量专项转移支付项目对地方给予补助。这种格局不仅容易出现资金分配“跑部钱进”、“撒胡椒面”现象，而且容易造成中央部门由于资金安排不适当，干预地方事权，影响地方的自主性、积极性，还会造成地方承担中央事权与地方事权积极性不一致，导致执政行为不当，影响市场统一、公正。

针对这些问题，《决定》提出“建立事权与支出责任相适应的制度”。专家分析说，这一新原则明确透露出优先事权调整、侧重权责统一的信号。围绕明晰事权，各方见仁见智。

“中国金融四十人论坛”相关报告建言，将有较强“外部性”的司法、环保监管、食品和药物安全、跨区域基础设施等部分支出责任集中到中央，推动基础养老金的全国统筹；鼓励地方在养老金个人账户、医疗、教育及土地等领域探索不同的改革路径和管理方式；考虑将特别消费税和车辆购置税的收入和税率决定权下放给地方，或允许地方开征零售税等。

财政部部长楼继伟在《建立现代财政制度》一文中，明确了事权划分的几个重点：一是适度加强中央事权。将国防、外交、国家安全等关系全国政令统一、维护统一市场、促进区域协调及确保国家各领域安全的重大事务集中到中央，减少委托事务，以加强国家的统一管理，提高全国的公共服务能力和水平。二是明确中央与地方共同事权。将具有地域管理信息优势但对其他区域影响较大的公共产品和服务，如社会保障、跨区域重大项目建设维护等作为中央与地方共同事权，由中央和地方共同承担。三是明确区域性公共服务为地方事权。将地域信息性强、外部性弱并主要与当地居民有关的事务放给地方，调动和发挥地方政府的积极性，更好地满足区域公共服务的需要。

中央政府将事权适当上收，可以说是对以往事权过度下移的一种校正，有助于缓解各级地方政府的财政支出压力，促进政府职能向服务型转变。

2. 强化支出责任

明晰事权划分，是为了界定支出责任。从理论上讲，政府间支出责任划分是处理政府间财政关系的逻辑起点。以支出责任划分为基础，辅之以政府间收入划分和转移支付等制度安排，共同构成了政府间财政关系的基本框架。

如何界定支出责任？第一，要看外部性由谁来承担，如果外部性主要发生在当地，职能就应给当地。第二，要看信息复杂程度，信息复杂程度越高的越适合于基层来管，信息复杂程度低一点，属于全局性的问题适合国家来管，属于全局性信息的事情，其外部性往往也是全局性的。第三，激励相容，即某种制度安排下，各级政府都按划定的职能尽力做好自己的事情，如果可以使全局利益最大化，这种制度安排是参与者理性实现个体利益最大化的策略，与机制设计者所期望的策略一致，从而使参与者自愿按照机制设计者所期望的策略采取行动。

针对当前政府间支出责任划分较粗的现实状况，应当进一步细化，避免事权与财力的脱节。支出责任划分要与事权及其变化紧密结合在一起。在“中央决策、地方执行”的整体框架下，支出责任划分的重心要针对下级政府，要让地方政府承担的每一项责任都有其相应的支出来源——来自财权或转移支付产生的财力。通俗地说，就是让地方政府“干什么事”、“钱从何来”，都有一个明确的规则。只有明晰的支出责任划分，才有可能实现事权与财力的动态匹配。

3. 合理配置财力

支出责任界定后，就要有相应的财力来保障。财税体制改革尤其是地方财税改革，遵循的原则应该是“财力与事权相匹配”，即细化从中央到地方的支出责任，然后给予相应的财力保障。目前面临的问题是，由于中央与地方政府事权和支出责任划分不够清晰，造成中央财政本级支出只占15%，地方实际支出占到85%，中央财政通过大量专项转移支付对地方财力进行补助，以帮助其实现“财力与事权相匹配”。解决中央收了“大头”、花了“小头”，地方收了“小头”、却花了“大头”的现状，无非有两个办法：一是财力向地方倾斜，多分给地方一些；二是增加中央支出，适当上划部分地方事权。

从《决定》内容看，目前选择的是第二个办法。《决定》提出，

“保持现有中央和地方财力格局总体稳定，结合税制改革，考虑税种属性，进一步理顺中央和地方收入划分。”这一要求综合考虑了我国地方政府承担事权和支出责任的实际情况，既有利于保证中央履行职能和实施重大决策，又有利于保障地方既得利益、培育地方主体税种、调动地方积极性，从而有利于形成改革共识、确保改革顺利进行。贯彻落实《决定》要求，要根据税种属性特点，遵循公平、便利和效率等原则，合理划分税种，将收入周期性波动较大、具有较强再分配作用、税基分布不均衡、税基流动性较大以及易转嫁的税种划为中央税，或中央分成比例多一些；将其余具有明显受益性、区域性特征以及对宏观经济运行不产生直接重大影响的税种划为地方税，或地方分成比例多一些，以充分调动两个积极性，为实现“五位一体”的全面小康提供制度保障。

第五节　养老保险改革为事业单位改革后顾之忧提供了解决办法

2015 年 1 月 14 日，国务院发布《关于机关事业单位工作人员养老保险制度改革的决定》（以下简称《养老决定》），这是在全面深化改革背景下的一个重大举措。随着《养老决定》的正式公布，养老金“双轨制”宣告破除。方案明确，机关、事业单位建立与企业相同基本养老保险制度，实行单位和个人缴费，改革退休费计发办法。

1. 养老待遇有所上升

改革后，按照《养老决定》，从2014年10月1日起，不管是公务员还是事业单位员工，养老待遇不再和职称、级别挂钩，而是和企业职工一样，在职时单位和个人都要缴费，退休后到社保领取养老金。按照规定，机关事业单位按照工资总额的20%缴费，个人按照缴费工资的8%缴纳。单位交的钱计入统筹账户，形成统筹基金，现收现付，个人交的钱全都计入个人账户，退休后才能支取。

除了基本养老保险制度外，本着构建多层次养老保险体系的初衷，机关事业单位还会实施职业年金。资金来源由两部分构成：单位按工资总额的8%缴费，个人按本人缴费工资的4%缴费，两部分资金构成的职业年金基金都实行个人账户管理。工作人员退休时，依据其职业年金积累情况和相关约定按月领取职业年金待遇。

此外，机关事业单位退休人员的工资不再由原单位发放，而是由养老保险基金支付，待遇调整不再与同职级在职职工增长工资直接挂钩，而是与企业退休人员以及城乡老年居民基本养老待遇调整统筹考虑，避免出现一些退休职工较多、退休金负担较重的单位不敢给在职员工涨工资的局面。

为了配合养老并轨，降低改革的阻力，机关事业单位工作人员工资调整方案也配套出台。国务院办公厅为此转发了三个实施方案并已经发到各单位，一是公务员基本工资的调整，二是事业单位工作人员基本工资的调整，三是机关事业单位离退休人员待遇的调整。对绝大多数人来讲，如果不是极特殊情况，待遇水平都会有所增加，至少是不降低。

2. 养老并轨构建城乡养老保险制度体系

此次机关事业单位养老保险制度改革遵循了“一个统一、五个同步”的基本思路。

“一个统一”就是机关事业单位与企业等城镇从业人员统一实行社会统筹和个人账户相结合的基本养老保险制度。在此基础上，形成城镇职工和城乡居民基本养老保险并行的两大制度平台，并可相互衔接，从而构建起完整的城乡养老保险制度体系。“五个同步”就是机关与事业单位同步改革；职业年金与基本养老保险制度同步建立；养老保险制度改革与完善工资制度同步推进；待遇确定机制与调整机制同步完善；改革在全国范围同步实施。“五个同步”突出了改革的系统性和协调性，综合平衡前后左右的各种关系，有助于形成社会共识，保证改革顺利推进。

未来，国家将逐步建立覆盖机关、企事业单位退休人员和城乡居民的基本养老金正常调整机制，根据物价变动、职工工资增长、收入水平提高等情况，并兼顾基本养老保险基金承受能力、财政负担能力等因素，统筹考虑各类人员的基本养老金调整。

此外，在机关事业单位养老保险改革推进的同时也考虑其他相关群体的政策安排。比如继续提高企业退休人员基本养老金、首次统一提高全国城乡居民养老保险基础养老金最低标准。

第四章
公路管理体制改革的理论依据

第一节　公路及公路管理的属性分析

一、公路的属性分析

公路是国民经济发展的重要基础设施之一，不仅为整个国民经济运行的顺畅和人民生活的便利提供条件，而且为国民经济未来的发展打下基础。马克思曾说过："公路通到哪里，文明就传播到哪里。"没有公路，就没有经济的发展，就没有社会的进步。从整个生产过程看，基础设施为整个生产过程"共同生产条件"。

公路"同时被不同的资本当作它们共同的生产条件和流通条件来使用"，它是被不同的资本一部分一部分消耗掉，它不能被某个生产者独家使用，它本身也不能被作为商品一次性整体出售给使用者，因此，它具有公共商品的一般特性——公益性。

从公路的使用者来看，使用者是所有法人、公民以及他们拥有的各种运输工具。使用者使用公路时并不影响其他人同时使用它，公路具有公共商品的非排他性的特点；使用者在使用公路时并不影响其他人对它的使用利益，即公路还具有公共商品非竞争性的特点。

公路具有公益性、整体性，世界各国也都把公路列入社会公益事业。世界银行将公路列为准公共商品，即它兼有公共商品和私人商品的特征，是指公路本身不可分，消费它时没有排他性、竞争性，但消费容量有限制，超出容量就有排他性、竞争性，即交通流量超过设计流量时，公路会产生拥挤、堵塞，这时公路就具有了排他性和竞争性（公路作为基础设施，要求有超前性，这种情况出现较少），这也是高速公路等收费公路产生的根据和原因。

综上所述，公路行业属于公益事业。

二、公路养护的性质分析

公路的公共属性，决定了对公路的管理是一种公权力的管理，即由政府承担管理职责。《公路法》第八条第四款规定："县级以上地方人民政府交通主管部门主管本行政区域内的公路工作。县级以上地方人民政府交通主管部门可以决定由公路管理机构依照本法规定行使公路行政管理职责。"公路行政管理包括对涉及公路的规划、建设、养护、经营和使用的监管，公路养护承担确保公路处于完好状态的职责，属于公路管理机构的一项重要行政管理职能，其法律依据是《公路法》第三十五条，"公路管理机构应当按照国务院交通运输主管部门规定的技术规范和操作规程对公路进行养护，保证公路经常处于良好的技术状态"。

公路养护就是指为保持公路经常处于完好状态，对公路进行保养、维护和改善，防止其使用质量下降，并向公路使用者提供良好的服务所进行的作业。公路养护管理特指公路建成投入使用后所进行的养护作业管理。公路养护管理的目的是充分实现公路的使用功能，并不断提高服务水平。

2011 年 7 月 1 日颁布施行的《公路安全保护条例》进一步予以明确，“县级以上各级人民政府应当将政府及其有关部门从事公路管理、养护所需经费以及公路管理机构行使公路行政管理职能所需经费纳入本级人民政府财政预算”。条例将“养护”与“管理”、“公路管理机构行使公路行政管理职能”以并列的方式表述，且养护经费纳入政府财政预算，因此，养护属于公路行政管理范畴。

三、公路管理主体

《公路法》第五十七条和第八十三条规定，公路管理机构可依第八条第四款的规定，取得相应的管理职责和行政职权。在《公路法》中，有近 50 条次涉及“交通主管部门”和“公路管理机构”，厘清它们在公路行政活动中的作用和地位，对于正确把握、理解《公路法》具有重要意义。

交通运输主管部门是公路行政主体，所谓行政主体，是指依法享有国家行政权力，以自己名义实施行政管理活动，并独立承担由此产生的法律责任的组织。行政主体是一个法律概念，行政主体不只是一个行政管理组织，更重要的是一个法律行为主体，独立拥有行政职权与职责，以自己的名义作出行政行为和参加法律活动，能够有资格成为行政行为主体、行政复议被申请人、行政诉讼被告人和国家赔偿义务机关。

根据行政主体资格取得的法律根据不同，可将行政主体划分为职权性行政主体和授权性行政主体。职权性行政主体，是指根据宪法和行政机关组织法的规定，在机关依法成立时就拥有相应职权，并同时获得行政主体资格的行政组织。职权性行政主体只能是国家行政机关，如各级人民政府及其职能部门及县级以上地方人民政府的派出机关。县级以上交通运输主管部门当属此列。职权性行政主体的突出特点是，它是按照宪法和行政机关组织法的规定及国家职能划分的需要（包括行业或区域等），以组织程序依法设立的，且在设立时就独立存在和取得行政主体资格。《公路法》中关于交通运输主管部门的行政主体资格的规定，正是基于该机关是职权性行政主体这一法律基础的。从《公路法》的规定中可以看出，国务院交通运输主管部门主管全国公路工作，意味着“交通主管部门”拥有主管全国公路交通工作的职权与职责。县级以上地方人民政府交通运输主管部门拥有主管本行政区域内的公路工作的职权与职责。

公路管理机构是一种行政机构。根据《公路法》第八条第四款，将“决定权”授予“交通运输主管部门”这一职权性行政主体，意味着交通运输主管部门既可以决定将这一公路行政管理职责转移给公路管理机构，也可以决定不转移该项职责。根据立法原则，总则是各分则的指导原则，分则的规定除特别申明者外，均必须从属总则的精神。可以说，就公路行政工作从宏观上而言，公路管理机构所以取得某些公路行政权，是基于行政授权行为。

四、公共产品理论

公共产品理论由美国经济学家保罗•萨缪尔森（Paul

A.Samuelson）首先提出，他把社会产品分为公共产品和私人产品，介于两者之间的是准公共产品。

私人产品是指具有排他性和竞争性，能够依靠市场机制达到资源优化配置的产品。公共产品则具有非排他性和非竞争性，不能依靠市场机制实现有效配置的产品。非排他性是指不论意愿如何都不能排除他人对该产品的消费，即公共产品的消费不是个人独有，而是社会成员共同消费，共同受益；非竞争性是指增加一个消费者时，成本并不会增加。保罗•萨缪尔森这样认为："所谓的公共物品应该是这样一些产品，不管人们愿意或不愿意购买它们，它们所能够给人们带来的好处不可分开地散布到社区里。与此相比，私人物品则指的是这样的一些产品，它们能被分割开并且可以分别地提供给不同的个人，同时也不带给他人外部的收益或成本。一般而言，公共物品通常是通过政府行动来实现有效率的供给，而私人物品则可以借助市场进行有效率地分配。"诺贝尔经济学奖获得者，美国经济学家约瑟夫•斯蒂格利茨（Joseph E.Stiglitz）认为，"公共物品是这样一类物品，在增加一个人对它分享时，并不导致成本的增长（它们的消费是非竞争性的），而排除任何个人对它的分享却要花费巨大成本（它们是非排他性的）。"

介于纯公共产品和私人产品之间的准公共产品是指具有有限的非竞争性或有限的非排他性的公共产品，一般分为两类，第一类是仅仅具备受益上的非排他性但是却并不完全具备消费上的非竞争性的公共物品，这类公共产品也被称为"拥挤性公共物品"；第二类与之相反，是仅仅具有消费上的非竞争性但是并不完全具有受益上的非排他性的公共物品，这种公共物品又称为"共同资源”。不确定性是准公共物品具有的重要特征。随着社会经济的发展、科技的创新等变化，准公共物品也会随之发生相应的变化，一种形式是从准公共物品转变为纯公共物品，另一种形式是从准公共物品转变为私人物品。

根据以上论述，可以认为在一般情况下，公路作为由国家提供的一种基础设施，它属于是准公共物品类型中一种拥挤性公共物品。公路作为一项基础设施，一直是由政府修建并负责管理和维护，为人们的外出和商务活动提供了良好的交通条件，从而保证了人们的正常交往和生产、商业活动的正常进行。政府提供的这种公路通行的公共性服务，一方面很显然具备受益非排他性特征，当然在特定情况下这种特征会向受益排他性特征转变。比如通过在不同的地方通过低成本的投资来设立相关公路收费站点、设施或路障将享受到公路通行服务的受益群体特定化、局部化；另一方面由于公路建设、维护和管理的固定成本相对较高，与固定成本相比变动成本很小。因此，在正常情况下公路使用者的增加几乎对公路通行服务的生产成本影响很小（当然，违规的超限超载运输除外），即每一个公路使用者的增加而引起的边际社会成本很小，接近于零。然而，在公路处于拥挤或非拥挤的两种不同状况下，公路服务的非竞争性有所不同。在非拥挤的状况下，每个公路使用者都能满足各自所需，在享受公路服务上不具有竞争性。随着公路使用者的增加，对公路服务的使用就会相应的产生拥挤现象，在没有达到“拥挤点”（即拥挤的临界状态）之前，其非竞争性仍然会得到保持，过了“拥挤点”后就会出现“瓶颈效应”，显示出其竞争性。因此，公路在一般情况下被认为是拥挤性公共物品。

一般情况下，对公路的准公共物品属性产生影响的因素主要有以下三个方面：第一个方面是公路使用的拥挤程度。当公路的使用者人数达到“拥挤点”后，使用者人数的增加，必将减少每个使用者所获得的实际效益，公路的边际使用成本将随之上升，从而引起公路服务消费上的竞争。此时，公路就不再具备准公共物品的属性，从而转变为私人物品。第二个方面是社会经济发展程度的影响。公路这种准公共物品的属性是建立在消费的基础上，物品的经济属性会随着消费能力的变化而发生改变。一般来说，经济发展程度越高，公路使用者的消费能力就越强，公路服务的排他性上升；反之，经济发展程度越低，公路使用者的消费能力就越弱，公路服务的排他性下降，从而趋向为纯公共物品。我国社会发展的实践就充分验证了这点，即公路的准公共物品属性是受经济发展程度的影响，在不同的经济发展阶段和不同的地区会呈现不同的经济属性。在改革开放初期，我国经济基础比较薄弱，公路完全由国家提供，具有纯公共物品属性；但随着经济实力的提高，公路的排他性特征上升，从而转变为准公共产品。同样，不同地区间的经济差异，也会使公路呈现出不同的物品属性，在经济落后不发达地区，公路就趋向具备纯公共物品的性质，而经济发达地区的公路则明显具有准公共物品的特征。这也正符合世界银行的研究结论，即干线公路的商品性指数为2.4，具有较强的商品性；乡村公路的商品性指数为1，商品性最低，基本上是纯公共物品。第三个方面是公路服务供求水平的影响。由于公路服务的非竞争性，使得公路使用者享用公路服务的机会成本为零，这样就很容易产生道德风险问题，出现“免费乘车者”。在公路服务供大于求时，这种问题表现得尤为突出，导致排他性下降，从而趋向于纯公共物品；反之，当公路服务供小于求时，排他性上升，其准公共物品属性明显。

总的来说，公路是公共产品，但其结构比较复杂，其中专用公路因其特定属性，不是服务所有大众的，因此不具备公共属性。除此之外的所有类型公路可分为普通公路和高速公路。其中普通公路应当是完全公共产品，应由政府提供经费支持；高速公路是准公共产品，不需政府提供经费支持。

第二节　行政管理体制理论研究

一、政府管理理论

政府管理理论主要受亚当·斯密（Adam Smith）的“自由放任”原则和凯恩斯（John Maynard Keynes）的“国家干预主义”影响，其中最为重要的是“矛盾政府”学说和“小政府”理论。一是“矛盾政府”学说。主要指国家地位特殊，决定了在任何长期的经济发展中都占有显要位置，“国家的存在是经济增长的关键，但是国家同时又是人为经济衰退的根源”、“没有国家办不成事，有了国家又有很多麻烦”。二是“小政府”理论。兴起于20世纪七八十年代的西方，思想上主要以英、美的新自由主义为理论基础，这是一种新的政府治理模式。政治家和官僚与企业家一样均是“经济人”，都追求自身利益之最大化，政府职能的扩大往往增加了更多、更大的寻租机会，更加不利于健康市场经济的建立。但是，现实表明，政府调控仍然是重要手段，但作用存在局限。政府调控主要具有经济调节、市场监管、社会管理和公共服务等四种职能。

“重塑政府”理论为20世纪90年代“新公共管理思潮”的核心，戴维•奥斯本（David Osborne）和特德•盖布勒（Ted Gaebler）合作出版了《改革政府——企业家精神如何改革着公营部门》，该书认为政府的作用应该是掌舵而不是划桨。“那些集中精力积极掌舵的政府决定其社区、州和国家的发展前途，它们进行更多的决策……与此成对照的是那些永远忙于提供服务的政府，它们主动放弃了指导航向的功能。”“成功的组织是把高层管理和具体操作分开……”。政府可以把掌舵的角色委托给更适合的公共部门或者私人部门中的机构，如地方委员会、各种咨询服务顾问等。政府起催化剂的作用，即组织掌舵者与划桨者的买卖，促使其达到最佳配置与提供最好服务。政府要治理而不是实干，政府可把部分的掌舵职能民营化，但是不能把治理的全过程民营化。对于公路养护管理而言，政府也应该做好掌舵者的角色，从整体把握规划和监督公路养护，对实施环节则采取放权和委托到私人部门。

在政府与市场关系上，政府重视市场在经济活动中的重要作用，但是自身不直接参与经济活动，不直接控制市场活动，同时，政府也重视发挥政府的积极作用来解决市场不完善问题；在政府与社会关系上，有限政府将自己的行为严格限制在公共领域，只管理涉及公共利益的公共事务。

政府的职能范围取决于市场和社会的需要，同时，政府本身的能力也是制约政府职能范围的关键因素。政府的职能是有限的，主要有：承担保持社会总需求与总供给的动态平衡，保障宏观经济稳定协调发展；健全市场法规，建立市场规则，维护经济秩序；组织与实现公共物品的供给，调整社会分配，实现社会保障。

二、新公共管理理论

新公共管理理论是20世纪80年代以来在英国、美国等国家出现的行政改革的指导理论，它是对公共选择理论的发展。1991年，英国公共管理学者胡德（C.A.Hood）归纳了新公共管理的七个基本特征：推行职业化管理；标准化和绩效测量；产出而非过程控制；权力分散化；竞争；引入私人部门管理技术；节约和效率。“重塑政府”理论则将新公共管理改革的原则概括为十个方面：①起催化作用的政府：掌舵而不是划桨。②社区拥有的政府：授权而不是服务。③竞争性政府：把竞争机制注入提供服务中去。④有使命的政府：改变照章办事的组织。⑤讲究效果的政府：按效果而不是按投入拨款。⑥受顾客驱使的政府：满足顾客的需要，而不是官僚政治的需要。⑦有事业心的政府：有收益而不是浪费。⑧有预见的政府：预防而不是治疗。⑨分权的政府：从等级制到参与和协作。⑩以市场为导向的政府：通过市场力量进行变革。这十条原则就是戴维•奥斯本和特德•盖布勒两位作者理解的“新公共管理”的内涵。

1995年，经济合作与发展组织（OECD）概括出世界范围内新公共管理运动的八个基本特征：权力转移，提高灵活性；确保绩效、控制和责任制；发展竞争和选择；提供回应性服务；改善人力资源管理；优化信息管理；提高管制质量；加强中央指导而非干预的职能。可以看到，不同的学者对新公共管理有不同的理解，但是不管怎样理解新公共管理，这些理论都是对传统公共行政的挑战和反思。新公共管理的基本观点主要有以下几点：

（1）政府应该起掌舵而不是划桨的作用，利用非政府组织和私人部门的力量来提供公共服务。

（2）公共部门和私营部门在管理上没有本质的区别，并认为私营部门管理水平比公共部门要先进得多。因而主张引进市场竞争机制和私营部门成功的管理经验和手段，如项目招投标、质量管理、使用者收费、合同外包、目标管理等，实现公共服务的市场化与社会化。

（3）政府服务以顾客为导向，加强政府对社会公众的回应性。

（4）新公共管理主张通过分权来改进公共部门的工作。即围绕决策权和执行权的分离，一些国家将政府部门分解成决策部门和具有特定服务功能的执行机构，通过签订责任书等方式，明确执行机构的责任范围、工作目标及考核标准。英国、澳大利亚、瑞典、新加坡等都采取了相关做法。中央政府还将更多的事权、财权、法规制定权等下放给地方政府，使之拥有更大的权力和自主性。

（5）新公共管理由注重工作过程转向注重结果与产出，对工作结果进行绩效评估。此外，新公共管理通过雇员制、以工作实绩为依据的绩效工资制等手段加强对公共人力资源的管理与开发。

从公共选择理论和新公共管理理论（管理主义）的基本观点

来看，它们的共同点是尊崇市场力量、市场作用、市场机制。两者的主要区别在于：公共选择关注的焦点是政府与市场和社会的关系，主张减少政府干预，充分发挥市场的力量解决政府面临的困境；新公共管理（管理主义）的重点仍然是政府公共部门内部，主张通过引进市场机制来完善政府公共组织。一位德国学者说，“尽管新公共管理也主张政府活动向外部转移如合同出租，但它更关注的是公共部门的内部理性化。”因此，对于政府而言必须厘清哪些是法规授权的行政地位，哪些行政权力，可以通过公共管理来实现，哪些行政权力可以通过购买服务来实现，从而避免政事不分、事企不分和政企不分。

第三节　公路管理体制改革的发展趋势

一、公路养护改革的方向

依据《指导意见》的要求：划分现有事业单位类别，并细分从事公益服务的事业单位。根据职责任务、服务对象和资源配置方式等情况，将从事公益服务的事业单位细分为两类：承担义务教育、基础性科研、公共文化、公共卫生及基层的基本医疗服务等基本公益服务，不能或不宜由市场配置资源的，划入公益一类；承担高等教育、非营利医疗等公益服务，可部分由市场配置资源的，划入公益二类。具体改革由各地结合实际研究确定。

认定承担行政职能的依据是国务院办公厅《关于印发分类推进事业单位改革配套文件的通知》（国办发〔2011〕37号）配套文件《关于承担行政职能事业单位改革的意见》的要求：明确事业单位承担行政职能的认定标准和依据。承担行政职能是指事业单位承担行政决策、行政执行、行政监督等职能，主要行使行政许可、行政处罚、行政强制、行政裁决等行政职权。认定事业单位承担行政职能的依据是国家有关法律法规和中央有关政策规定，不以机构名称、经费来源、人员管理方式等作为依据。

公路管理机构作为事业单位，一是应当参加事业单位改革；二是应当按照承担行政职能、从事生产经营活动和从事公益服务三个类别进行分解职能并确定改革；三是确定公路管理机构改革行政职能的依据是国家法律《公路法》、行政法规《公路安全保护条例》规定的行政处罚、行政强制以及行政裁决等行政职权。

二、公路养护职能分解

按照行政职能、事业职能、企业职能的分解理论，根据《公路安全保护条例》的规定，普通公路养护的职能可以“一分为三”。一是行政职能，依据《公路安全保护条例》第七十条的规定：“违反本条例的规定，公路养护作业单位未按照国务院交通运输主管部门规定的技术规范和操作规程进行公路养护作业的，由公路管理机构责令改正，处1万元以上5万元以下的罚款；拒不改正的，吊销其资质证书。”公路管理机构养护的职能是行政处罚、行政许可、行政认定，因此公路管理机构属于行政机构。二是事业职能，依据《公路安全保护条例》第五十三条的规定:“发生公路突发事件影响通行的,公路管理机构、公路经营企业应当及时修复公路、恢复通行。设区的市级以上人民政府交通运输主管部门应当根据修复公路、恢复通行的需要,及时调集抢修力量,统筹安排有关作业计划,下达路网调度指令,配合有关部门组织绕行、分流。设区的市级以上公路管理机构应当按照国务院交通运输主管部门的规定收集、汇总公路损毁、公路交通流量等信息,开展公路突发事件的监测、预报和预警工作,并利用多种方式及时向社会发布有关公路运行信息。”公路突发事件及时修复及收集、汇总公路信息,开展监测、预报和预警工作,这些职能不是行政处罚、行政许可、行政认定,属于公路管理机构附属的事业职能,因此作为行政管理的公路管理机构应当下设公路应急安全应急保障中心、公路信息服务中心两个公益一类事业单位。三是企业职能,依据《公路安全保护条例》第四十六条的规定:“从事公路养护作业的单位应当具备下列资质条件:(一)有一定数量的符合要求的技术人员;(二)有与公路养护作业相适应的技术设备;(三)有与公路养护作业相适应的作业经历;(四)国务院交通运输主管部门规定的其他条件。公路养护作业单位资质管理办法由国务院交通运输主管部门另行制定。”从事公路养护作业的单位应当具有养护资质,属于企业行为。

三、事权与支出责任相适应

公路是国民经济发展的重要基础设施,无论是收费公路还是非收费公路，其公益性特点十分明显，公路作为公共产品已是不争的事实。从公路具有不可移动性、不可分割性、带状性、网络性及持久耐用性等特征看，公路具有一定的使用受益范围。在现行公共财政框架下，按照公路受益范围或外部特征来划分中央和地方政府事权，即对于受益范围仅局限于某一区域，外溢特征不明显的公路，建设、养护事权应当由这一区域的政府承担；对于受益范围广、外溢特征明显的公路，建设、养护事权应当由中央政府承担。根据这一划分原则结合我国公路管理现状，中央和地方政府公路建设、养护事权划分有两种选择，一是中央政府负责国道建设、养护，省级以下政府负责省道以下公路建设、养护，即“国道国建、国养，省道省建、省养，县乡道县建、县养，专用公路由公路专属使用者建设和养护”。二是实行国道由中央、省级政府共同负责建设、养护；省道由省级政府负责建设、养护；县道以下由县级政府建设、养护。无论是从厘清事权、明确责任考虑，还是从有利于区域交通发展，促进区域经济平衡协调的角度考虑，如果国道建设、养护责任由中央政府承担的可以选择通过政府购买服务的方式来实现国道建设、养护；如果国道建设维护由中央和地方政府共同承担支出责任的，中央政府通过专项转移支付方式将国道建设、养护支出责任委托地方政府承担。

根据《决定》要求建立事权和支出责任相适应的制度。其基本规则为：适度加强中央事权和支出责任，国防、外交、国家安全、关系全国统一市场规则和管理等作为中央事权；部分社会保障、跨区域重大项目建设维护等作为中央和地方共同事权，逐步理顺事权关系；区域性公共服务作为地方事权。中央和地方按照事权划分相应承担和分担支出责任。中央可通过安排转移支付将部分事权支出责任委托地方承担。对于跨区域且对其他地区影响较大的公共服务，中央通过转移支付承担一部分地方事权支出责任。因此，各级政府公共财政理应承担公路建设、养护支出责任。具体而言，国道是中央事权，省道为省级事权，县道为县级事权，乡道、村道为乡级事权。其财政支出责任为：中央通过财政转移支付承担国道养护支出责任；省道除通过中央财政转移支付承担部分养护支出责任外，省级财政应当承担支出责任；县道、乡道、村道除通过中央财政转移支付承担部分养护支出责任外，县、乡级财政应当承担支出责任。

四、事权与支出责任与行政体制相适应

在公路管理体制中的政、事关系这对矛盾中，政是矛盾的主要方面。突出表现是，相当比重的省、市交通运输主管部门用大量精力做着本应是公路管理部门的工作。从政、资分开的角度讲，交通运输主管部门的职能应是社会管理职能，公路管理机构的职能应是公路资产的管理职能；从管理过程来讲，交通运输主管部门应是规划、决策机构，公路管理机构应是执行机构；交通运输主管部门是环境的制造者，公路管理机构在这个环境中加速推进公路事业的发展。因此，按照行政管理体制改革的总体要求，积极推进决策和执行职能的适度分离。再加上支出是经济基础，公路养护行政管理体制是上层建筑，事权与支出责任决定了公路养护的行政体制。基于这一理论，结合《公路法》的规定，省级政

府有权决定国道、省道、县道、乡道的行政管理体制。一方面，县道公路养护应当由县级交通运输主管部门设置的公路管理机构负责，县道、村道应当由乡镇人民政府直接负责，即县级公路管理机构要全面承担农村公路管理的责任；另一方面，国道、省道应当由省级交通运输主管部门设置的公路管理机构负责，省级公路管理机构全面承担省级路网管理责任，受托负责国家路网管理，可设置直属的分支机构具体实施。即国道、省道的管理可以由省级公路管理机构和按地域划分的派出机构组成，省派出机构可由市（地）公路管理机构演变而来，若短时间内难以改革实现，亦可先行通过在省、市公路管理机构建立委托关系进行，市（地）级公路管理机构受省公路管理机构委托，具体负责所辖市域内的国家路网和省级管理的相关事务。有条件的省份，可以结合减少行政层级的要求，探索实行“三级设置、二级管理”的体制模式，即国道、省道实行省与市（地）垂直管理，以省为主，农村公路实行省指导县、以县为主的体制模式。

第五章
公路管理体制改革的方案比选

第一节 从人、财、物全面管理的角度进行划分

一、实行“养护行业垂直管理体制”的方案

省、市、县 垂直管理：人、财、事权都属于上级主管部门。公路行业作为国民经济的基础产业，具有社会公益性，先行性和跨管辖、越地域延伸的一线性与连接性等。这些特点，就决定对它养护管理的机构设置，不应该也不能够实行“以块为主”的属地管理，而必须建立起一个能够超越属地局限的、具有宏观调控能力的、权威性很高的养护行业管理机构和体系。只有这样，才能克服和解决“以块为主”养护管理体制所形成的众多“婆婆”、各自为政的松散弊端，以对公路养护事业实施高效、有序和规范的领导与管理。

实施养护行业垂直管理体制，能够有效地对于全省国、省干线公路养护实施统一规划、管理，原来混乱局面将不复存在；能够有效地在全省公路系统组建大规模的公路养护集团，充分发挥人才、专业、科技优势，极大地增强赢得市场的能力；能够有效地加强人事管理和干部交流，从根本上解决人员急剧膨胀的问题，从而确保人员素质和整体管理水平得到提高；能够系统地应用养护

政策，使养护管理切实做到规范化、科学化，确保《公路法》得到彻底贯彻和落实。

优势：纵向型管理模式符合“统一领导、分级管理”的原则；能重点保证国家干线和省级干线公路的建设、养护与管理；适合于正规化、专业化、现代化的系统管理；便于推广新技术和现代化管理手段；有利于按技术装备的能力组织生产和设置业务机构；易于下达指令，信息反馈迅速；能排除一些横向干扰，避免地方局部利益对全局整体规划的冲击。

劣势：国道、省道管理游离于地、县两级政府直接管理之外，当行业指令与地方意志相抵触时，有可能令不行，禁不止，致使诸如征地拆迁、取料用土、路政纠纷、职工子弟入学、就业等问题难解决；缺乏有效的监督与约束，影响了改革和制度管理的效果，阻碍了行业的发展 。

二、“省、市条块结合，市、县垂直管理”方案

“省、市条块结合，市、县垂直管理”方案主要体现在：市的财、事权属于省，人权属于地方，县公路管理局的人、财、事权属于市公路管理局。市、县垂直管理一方面能够保证责、权、利的相对统一，另一方面也给予地方一定的自主权力进行调控；省、市条块结合，为市级公路主管部门提供公路建设、养护和管理的调控范围；县级公路局则作为市公路局的下派机构，落实市级公路养护任务。

优势：省市两级实现宏观调控，县级政府避免过多干扰公路养护项目。

劣势：市级容易受地方干扰，市级交通运输主管部门在统筹相关公路建设、养护和管理项目及资源时，会从地方发展考虑，可能会影响一些项目的有序运行。

三、“省、市垂直管理，市、县条块结合”方案

“省、市垂直管理，市、县条块结合”方案主要体现在：市公路管理局作为省公路局的派出机构，其人、财、事权由省公路局管理，县公路管理局作为地方政府的行政管理机构，市公路管理局对其工作进行行业指导，其人、财权属于地方政府。这种做法主要是为了符合“谁配套、谁管理”的原则，为了完善地方政府对普通公路及农村公路的统筹管理，加大地方政府对普通公路建设与养护力度。其优势是可以调动地方积极性，加大普通公路建设与养护力度。但是从目前现状来看，一些财政比较紧张的地方政府往往在接受国家和省级相关经费后，很少能够配套足够的资金来保障项目的开工，反而由于受地方政府调控，一些大中修项目经常被调整，人员进入也不受省市控制，导致部门机构人员臃肿现象严重。

第二节　不改变目前行政体制，不涉及人权，只按财权、事权划分

由于“条块结合”的公路管理体制存在问题颇多，责权利不

统一现象严重，尤其对于市级层面，没有任何监管手段以及管理措施，导致市级公路管理局只有责任，而没有权利，而且基层单位养护人员众多。要改变目前公路管理体制现状，可能会有大量的员工从事业身份转为企业身份，这就有可能带来群体上访现象，因此，考虑到尽可能维持社会的稳定性，又能够解决目前公路管理体制责权利不统一的现象，编者还从不改变行政管理体制的前提下出发，对不同层级的公路管理机构的责、权、利进行重新梳理，提出两种方案供当前公路行政管理体制改革做参考。

一、按照项目大小划分

根据项目大小，由不同层级的公路主管单位分管不同类型项目。省公路管理局统筹管理国省干线的新改建和大修项目；市公路管理局统筹管理国省干线的中修项目；县公路管理局负责小修保养项目的实施。

这种职责的划分，一方面体现出县级公路局作为具体项目的实施方，另一方面也将原本省公路管理局的职责落实到地方。其优势是能够保证每一个层的公路管理机构都有具体分管的工作，也可以对下一级进行行业监管和约束。其优势是可以实现上级对下级的统筹管理，又可以调动地方的积极性。其劣势在于由于没有改变现有行政管理体制，可能会造成地方政府对项目的干扰过多，影响行业整体发展。

二、按照项目流程划分

根据项目流程，由不同层级的公路主管单位分管同一项目的不同内容。省公路管理局只负责行业指导，公路建设和养护计划制定，不再负责具体项目；市公路管理局统筹管理当地所有新改建、大中修项目；县公路局管理局负责小修保养项目的实施。

这一方案主要依据决策、监督与执行相分离的原则。按照国家行政管理体制改革的总体要求，积极推进决策、执行、监督职能的分离，提高管理效能。省级交通运输主管部门是公路管理决策和监督机构，具体负责制定公路管理法规、行业政策、标准规范、发展规划等行政职能；省级公路管理机构具体负责公路养护（绿化）、路政管理、收费公路监管、涉路行政审批、公共服务、应急处置、公路相关数据统计等具体行政行为。市级公路主管部门则负责市公路管理局统筹管理当地所有新改建、大中修项目；县公路局管理局负责小修保养项目的实施。

这一方案其优势在于实现了决策、执行、监督相分离，省级主管部门作为重大决策，可以统筹整个省的行业发展；市级层面实现了县级项目的全面监督，可以保证项目的具体落实，而不受地方的干扰，从而促进公路事业的有序发展。但是问题在于，当省级主管部门没有具体项目的监管，有很大一部分权利划归到地方后，原有省级主管部门在对地方约束和监管力度上将会受很大的限制，对于省公路局而言，可能在未来发展上会受到很大约束。

第三节　不同体制改革方案的成本分析

一、改革成本

制度是人们通过有目的的社会活动创造出来的，因此制度创新或体制改革的过程，也可以被视为一种社会“生产过程”，它不是“白拿”的或“免费”的，它与一般的生产过程有着最为突出的一个共同点——它也是要支付“成本”的。从改革的“非帕累托改进”性质来看，改革过程中，利益受损者为了维护既得利益而抵制或反对改革，改革过程中必然会遇到各种各样的阻力，并引起一系列的矛盾冲突，从而构成对改革的阻力，产生改革的成本。因此可以说，改革过程的一切困难问题、矛盾冲突和阻力，都体现和反映在改革所要支付的“成本”这一概念当中。改革的基本问题就是“改革的成本”问题。

改革成本是指进行制度创新所必须付出的一切时间和物质资源，改革过程的一切矛盾、困难、问题等都体现和反映在改革成本之中。改革的成本问题是改革必须面对的，任何改革都不可能是一个只有收益而没有成本的过程。以经济社会层面的改革为例，我国改革开放在取得巨大成就的同时也付出了巨大的成本，产生了一系列严重的经济问题和矛盾，如下岗失业、贫富分化、社会冲突等。从理论方面讲，改革主要面对两类成本。

1. 第一类：改革的实施成本

改革的实施成本是指人们为了制定、学习、实施、适应新规则、新制度而必须支付的时间和物资的耗费。

1）认知成本

指从制度不均衡的出现到人们对此有了清楚的认识并形成一定共识的成本。一般而言，制度主体的规模越大，成员越多，达成共识就越困难。因为形成共识可能需要很长时间的讨论、争论，花费大量的人力、物力、时间等，即便如此，有时也难以形成统一的意见。

2）学习成本

指为了制定新制度和学习、适应新制度所需的费用。包括改革方案的设计发明成本，改革之初研究、起草、制定、宣传、试行新制度而付出的资源，也包括制度主体成员学习和适应新制度所花费的时间和资源。

3）转换成本

指在制度转换过程中，因不再采用旧规则，但新规则还不完善，或者新规则不能立即充分发挥效应而导致的混乱和效率损失等，是改革时期所发生的经济损失。转换成本虽然不像学习成本那样是为了改革的目的而付出的，但是它是由改革所引起的，不改革就不会发生这种经济损失，因此，它也应当被视为改革的成本。

2. 第二类：改革的摩擦成本

改革的摩擦成本是与改革的实施成本相对应的，是指因改革过程中发生的人与人之间的利益冲突而造成的经济损失或为之所付出的各种费用。因为改革的过程往往是“非帕累托改进”，即总会导致一些人利益受损，没有人受损就不会有人受益，所以改革总是要为克服阻力和障碍而付出成本。

1）摩擦损耗

指由人与人之间、利益集团之间的矛盾冲突而带来的损失，是改革过程中因新制度的建立而付出的一种代价。具体来说，改革会遇到来自利益集团的各种各样的抵抗。首先，改革开始之际，会使得旧制度继续发挥作用，导致延误改革的有利时机，造成资源浪费，增大改革成本；其次，改革开始后，会造成种种损失，影响改革进程甚至导致社会的不稳定、引发政治危机；再次，会使改革过程发生反复，从而带来更大的损失。

2）补偿费用

从理论上讲，如果对改革过程中受损失一方进行某种形式的补偿或“赎买”，减小他们受损失的程度，使改革的阻力和摩擦损耗减少，只要减少的额度大于付出的“赎金”，就值得“交易”。补偿或者“赎买”可以说是消除改革过程中可能出现的许多阻力的一种基本思路，这种做法的实质就是“维持既得利益”。虽然其本身是一种消极的做法，但是对于整个改革过程却具有积极意义。同时，应当认识到，补偿措施也具有一定的局限性，它不可能对损失进行充分补偿，因而也不可能完全消除改革的阻力。在讨论改革问题时，补偿必须是实际的，并且必须研究如何进行补偿的问题，如果不能实际地进行补偿，改革的阻力就不可能被削减。

二、改革的路径模式

就公路养护体制改革而言，管养机构的职能设置是改革的既定目标，沿着这一方向的不同改革路径也会影响改革的进展，因此选择改革的路径模式在很大程度上影响着改革的难易程度甚至成败得失。在时间维度上，是选择“激进”还是“渐进”，这是需要讨论的核心问题，也是本研究分析考量的重点。

1. 渐进式改革

渐进式改革是指在一个相当长的时间内，通过由浅入深、从易到难的方式逐渐地对传统计划经济的各个部分进行改革，最终用市场经济代替计划经济，实现改革的目标。

渐进式改革主要有以下特点：

（1）改革通常并没有一个改革的总体方案，人们在实践过程中不断调整改革策略，属于“摸着石头过河”的做法。

（2）渐进式改革下存在一个相当长的两种体制并存的过渡时期。

（3）渐进式改革在改革开始很长时间内基本上是单一的经济改革，经济制度的市场化并不会伴随着社会体制其他方面的变化。

2. 激进式改革

激进式改革是指在尽可能短的时间内完成整个经济体制转轨和与之对应的社会政治体制转轨。这使得激进式改革所需要的改革时间比渐进式改革短得多，但同时，在其最初阶段改革的成本和代价往往是巨大的，而且有可能引起社会动荡。

激进式改革主要有以下特点：

（1）改革是整体推进、一揽子解决、不留尾巴的改革方式，因而它对改革的条件要求较高：政策准备到位、配套措施到位、资源投入到位。

（2）改革以其“休克疗法”、“一刀切”的方式在短期内完成大规模制度变革，它对经济社会发展往往带有全局性影响。因此它更适宜于对紧要问题特别是体制层面问题的解决。

（3）改革一次投入大、直接成本高，预期收益尽管大但客观上有一定时滞，因此它往往在短期内存在巨大的风险。故而要求事先对风险要有足够的预估，并有相应的政策储备和足够的成本负担能力。

三、改革的路径选择

1. 两种路径模式的比较

（1）从改革的条件要求来看，渐进式改革要求的条件较低，而激进式改革要求的条件要高得多。

（2）从改革的过程发展来看，渐进式改革可以在实践中充分探索试验，容许“试错”并能及时“纠偏”，能够总结完善和适时调整，相比激进式改革不容出错而言，有明显的认知性优势。

（3）从改革的成本来看，渐进式改革“分期付款”和激进式改革“一次付款”的不同特点，决定了前者更有利于获取短期的改革净收益，而后者更有利于获取长期的改革净收益。

（4）从改革的综合效应来看，一些学者结合外部性效应综合考察后，认为从短期看，渐进式改革利多弊少；但是从长远看，则是激进式改革利多弊少。

如此而言，无论激进还是渐进的改革，单从其特点上并没有绝对的优劣之别，尚需进一步讨论路径选择的其他选择依据。

2. 体制改革模式的利弊分析

改革的基本问题，改革过程的一切困难问题、矛盾冲突和阻力，主要体现在改革成本中。从根本上讲就是制度变迁的预期收益要大于成本支出。

1）公路养护运行机制的改革成本

由于预期收益的客观时滞性，因此对现实成本的考虑往往会直接影响路径选择。包括：对直接成本的估算、间接成本的分析、可能风险的评估等。公路养护运行机制改革有可能出现的各类成本和费用，见表 1，这些成本使得养护运行机制改革表现为一个艰难甚至是痛苦的过程。但是这些改革的成本是必须支付的，如果没有这些成本的发生，说明公路养护运行机制改革并没有实质性的推进。

公路养护运行机制改革成本 表 1

实施成本	认知成本	统一思想，认识现有体制不足
		形成上下统一的改革思路
	学习成本	研究、制定改革方案
		调研、组织实施、改革试点
		人员、组织适应新制度
	转换成本	新旧制度的磨合（如改制初市场未形成带来的效率损失）

续上表

摩擦成本	摩擦损耗	下级对上级改革方案的抵制执行
		工人消极怠工带来的效率损失
		群众上访等带来的政治风险
	补偿费用	职工身份置换补偿金
		补缴各种社会保障的费用

2）实际选择

激进式改革和渐进式改革在改革的基本特征、具体内容、实施步骤、配套条件等方面有着不同的形式或要求。两种模式下的改革成本没有绝对优劣之分，一般激进式改革短期弊大于利而长期利大于弊，渐进式改革则正好相反。目前，改革正处于攻坚阶段，将面临付出更高的认知成本和摩擦损耗费用。两种改革模式比较见表2。

两种改革模式比较　　表2

路径模式	起点	过程	结果	成本	总评价
	条件依赖程度	可控性	风险度		
激进式	高	弱	大	一次投入高 总成本低	短期弊大于利 长期利大于弊
渐进式	低	强	小	一次投入低 总成本高	短期利大于弊 长期弊大于利

四、改革成本的评估模型建立

从以上分析可以看出，改革成本的评估模型不仅取决于改革本身的外部成本，还取决于改革的路径方式。因此基于成本与方式，提出改革成本的评估模型为：

$$C=\frac{M+T}{K}$$

式中：C——改革的成本。

K——改革稳定系数，它与改革成本的财力和时间直接相关，若财力充足、时间充足，稳定系数就比较高；如果财力少，财力不足，则稳定系数则比较低。但是若稳定系数比较高，则要求有充足的财力，那么整体成本也比较高，因此，稳定系数与整体成本成反比，以便取值在 [0,1] 之间。

M——改革所需的财力，包括两部分，一部分是人员安置的成本，另一部分是单位整合和提升管理水平所需购置的设备成本。由于财力与时间的量纲不统一，因此对财力最终值进行归一化处理，即$M=\frac{m_{人}+m_{物}}{m_{max}}$。

T——改革所需的时间，与改革的路径息息相关。选择渐进式改革所需时间成本就高，选择激进式改革所需时间成本就低。进行归一化处理，为$T=\frac{t}{t_{max}}$。

根据该评估模型，基于吉林省公路管理体制改革现状，代入相关参数，就能分析出在不同模式下的改革成本，从而为改革方案的选定奠定坚实理论基础。

第六章
吉林省公路管理体制改革的实践

第一节　吉林省公路管理体制改革现状分析

一、公路管理机构事权现状

（1）公路建设。省公路管理局负责公路建设项目的行业监管。从监督、管理的角度负责设计审查、招投标管理、现场施工监管、交竣工验收、审计监督检查等环节行政管理。

（2）公路养护。对养护市场实施监管。日常保养需要定期通过招投标择优选择养护企业，通过合同明确甲、乙双方责任和权利，监督养护企业的合同履约情况。为规范养护工程建设行为，制定下发全省国省干线公路养护工程管理办法、招投标管理办法及合同范本等一系列办法和规定，据此对承担公路养护工程企业和小修保养企业实施有效市场监管。同时，建立健全企业信誉评价机制体系，每年对养护施工企业进行资质审查、复查和信用评价，对信用低、施工质量差的企业给予降低资质、上黑名单，直至退出养护市场的处罚，严格市场准入、监管、退出机制。

（3）路政管理。按照国家《公路安全保护条例》和交通运输部《路政管理规定》授予的职责权限，依法对公路路产和路权实施保护，打击各种侵害路权、损坏路产的违法行为。

（4）行业安全监管。省公路管理局成立安全处，对全省长期从事公路养护小修保养的71家企业，具有养护工程施工资质的200余家企业，10个市公路管理处和50个县公路管理段实行行业安全监管。

（5）负责全省普通公路收费管理和行业指导工作。省公路局负责收费站行业管理，2009年省政府取消政府还贷收费站123个，目前实施管理的政府还贷收费站21个，其中省直管8个，行业指导的经营性收费站7个。

（6）负责农村公路的行业指导、监督。

（7）根据《吉林省公路条例》有关规定，受吉林省交通运输厅的委托，吉林省公路管理局重点办代表公路管理局行使对项目的监督、检查、管理工作。

二、公路管理体制现状

吉林省的公路管理机构比较混乱。省、市、县三级的公路管理机构各有不同，表现出了职责交叉又多样的特点。

1. 省级公路管理机构现状

在省级层面与公路管理相关的机构归纳起来为“四局一企”。分别是吉林省高速公路管理局、吉林省高等级公路建设局、吉林省公路管理局、吉林公路路政管理局和吉林省高速公路集团有限公司（以下简称吉高集团）。

吉林省高速公路管理局主要负责全省高速公路的养护（高速公路日常养护、受损路产维修、筑路机械设备管理、高速公路绿化、标志标线）、收费（高速公路通行费收取、收费员管理、收费情况监控、收费稽查）、路政（路政执法、维护路产路权、处理高速公路交通事故及路产赔偿案件、办理占用高速公路用地手续、事故车和故障车拖拽、清障）、通信（数据通信、光纤传输、机电设备维修维护、紧急电话的线路维护）以及经营（服务区经营管理、经营投资）等管理工作，并对吉林高速公路股份有限公司长平分公司和长春高速公路有限责任公司等另外两家管理主体进行行业管理，保障高速公路正常运营、安全畅通、舒适快捷。通过与交警支队联合成立指挥调度中心，对全省高速公路运营和畅通情况进行24小时集中监控管理，快速反应，及时处理各类突发事件，为社会各界提供优质服务。

吉林省高等级公路建设局成立于2003年，其前身是吉林省高等级公路建设指挥部长余办、长吉办。吉林省高等级公路建设局承担全省高等级公路的建设管理工作。为了适应加快高速公路建设的需要，经吉林省机构编制委员会办公室批准，2006年12月，吉林省高等级公路建设局升格为副厅级事业单位，内设办公室、计划处、项目管理处、技术处、交通工程处、试验检测处、法规征地拆迁处、人事劳资处、财务处、党办10个处室，职工97人。其主要职能是代表吉林省交通运输厅对直管的高速公路项目作为项目法人履行建设管理职能。

吉林省公路管理局负责国道、省道的建设、养护和路政管理，并受交通运输厅委托对全省农村公路的建设、养护和管理进行监督、检查和指导。2013年加挂吉林省公路重点工程建设管理办公室牌子，增加受政府行政主管部门委托负责公路重点工程项目的建设管理职责。

吉林省公路路政管理局是公路征费取消后成立的事业单位，主要负责高速公路的治超和部分路政工作。

吉林省高速公路集团有限公司始建于1993年，是经吉林省人民政府批准，吉林省交通运输厅出资组建的大型国有独资公司，前身为吉林省高速公路公司，注册资金为27亿元人民币，系省政府授权投资的机构和筹融资平台，按照现代企业制度运作，是吉林省内唯一实行建、管、养一体化的高速公路企业集团。主要从事高速公路开发建设、管理、养护，经营高等级公路、高速公路和地方铁路，经销各种筑路材料以及交通工程设施，房屋租赁；机械设备租赁，机电设备维护与开发和通讯光纤管网服务，独家经营全省高速公路服务区、加油站和广告，公路工程咨询和财务咨询服务，餐饮、住宿以及进出口贸易等。

2. 市级公路管理机构现状

吉林省各市（地、州）及长白山保护开发区管理委员会设公路管理处，隶属于市（地、州）交通运输局，主要职能是负责辖区内公路规划、公路建设、公路养护、公路路政、公路收费管理和行业精神文明建设；负责制定本地区养护市场管理细则，监督、指导实施，并提供协调、服务。同时组建直属路网监测和应急处置中心，并按应急处置辐射半径设置六个应急物资储备库，隶属市（地、州）公路管理处的路网监测和应急处置中心。市（地、州）、长白山保护开发区管理委员会公路管理处和县公路管理段的编制由省交通运输厅和省机构编制委员会办公室核定下达，业务由省公路管理局负责行业指导和监督。人事管理权，包括干部任免权在各地人民政府。

各县设公路管理段，隶属于县交通运输局，主要职能是负责公路建设规划；负责公路建设、公路养护、生产数量和质量的检查，计量支付养路资金；负责公路路政管理。管养里程机构编制核定编制人员 15 ～ 30 人，组建直属路网监测与应急处置中心。市、县两级公路管理机构编制以地方政府为主，实行双重管理。其中机构人员编制由省机构编制委员会办公室、省交通运输厅核定下达。

市（地、州）公路管理处及县公路管理段领导干部由本地与省公路管理局共同考核，征得省公路管理局同意后由当地任免。

可以看出，现行吉林省普通公路的行政管理体制对于保障普通公路养护发挥过重要作用，但随着社会的发展已经明显不再适应，主要表现为：养护政、事不分、农村公路及国省干线养护主体责任不明确，事权和财政支出责任不匹配，迫切需要改革。

第二节　吉林省公路管理体制改革的思路和方向

一、新型公路管理体制的建设思路

依据我国的公路性质，国省干线分别是国家和省级人民政府的建设主体，其养护责任也应是国家和省级交通运输主管部门承担。在此基础上，由省公路管理局来统筹协调国省干线的养护管理工作。而市公路管理处和县公路管理段分别作为省公路管理局的直属单位和派出机构，是接受省公路管理局授权进行公路养护。

1. 吉林省的公路管理体制设计思路分析

一是落实国家提出的减少层级的改革思路。落实十八届四中全会《中共中央关于全面推进依法治国若干重大问题的决定》提出的加快建设法治政府的要求，即“推进各级政府事权规范化、法律化，强化省级政府统筹推进区域内基本公共服务均等化职责，强化市县政府执行职责。”同时还提出“深化行政执法体制改革。根据不同层级政府的事权和职能，按照减少层次、整合队伍、提高效率的原则，合理配置执法力量。”普通公路作为基本公共服务，应按决定要求省级统筹，市县执行。通过垂直管理，市县执行层就减少一个层级，即符合国家提出的“市县政府执行职责”要求，也符合“减少层次”的要求。

二是有利于国省干线的网络化运营。国省干线公路不同于农村公路，是网络化运营，都是跨市、县运行，如果采取属地管理，就会产生碎片化管理，无法实现网络化运营的目的，就会导致国省干线的整体发展受阻。

三是有利于应急调度和信息发布。《公路安全保护条例》第五十三条规定（见第 67 页上），要求由市级交通运输主管部门应急调度和信息发布，只有垂直管理才能实现对县级公路主管部门的指挥调度和协调，这也是目前吉林省市级公路应急调度和信息发布无法实现的原因。

四是促进养护市场化的发展。从公路养护改革发展趋势看，养护监管是公路机构的重要职能。但是对于县级公路主管部门而言，县级养护机构一般只有一二个，基本属于是一对一的关系，这就产生非市场化的管理模式，非常不利于养护事业的发展。而通过地市垂直管理，就有利于促进养护市场的发展和竞争。

五是有利于养护作业的统筹。《公路安全保护条例》第五十条规定“公路管理机构应当统筹安排公路养护作业计划，避免集中进行公路养护作业造成交通堵塞”。如果是属地管理，市级主管部门就无法实现对县级公路部门的统筹，在避免交通堵塞、与其他部门协调沟通方面无法发挥出重要作用。

2. 公路管理体制改革的建设进程

根据吉林省目前人员结构及所需财力要求，若按渐进式改革，成本要小于激进式改革。此外受事业单位和养老保险改革进度影响，公路管理体制改革必须跟随国家整体步伐而动。从目前各项改革推进情况来看，估计公路管理体制改革在 5 ～ 10 年内将全面展开。未来公路管理体制改革预计分为两步走。

第一步，公路管理单位按照国家提出的事业单位“一分为三”的改革思路推进，具体推进时间与吉林省事业单位改革同步。依据国家事业单位“一分为三”的改革思路，建议成立省级普通公路管理体制，按“一局四中心”来布置。

（1）省级公路管理机构作为行政机构，负责养护监督管理及路政管理。

（2）现有吉林省公路管理局重点办的建设管理工作属于出资人行为，因此，应成立项目管理中心，主要作为普通公路建设的出资人，负责公路建设费用的筹集。

（3）普通公路的路产属于国家资产，应成立资产中心，主要对普通公路的路产综合管理。

（4）依据《公路安全保护条例》第五十三条，增强公路的应急抢险能力和突发事件应对能力，成立公益性的事业单位应急抢修中心，采用平战结合方式为大众提供应急保通服务，提高公路应急管理水平。

（5）按照国家要求公开公路运行信息，提升道路服务水平要求，应成立公益性事业单位信息服务中心，为管理机构和大众提供公路出行信息。

第二步是公路管理机构隶属关系改革，通过3～5年的时间，依据省级公路管理机构的推进情况，明确省、市、县三级公路养护管理的体制和三级公路管理机构的职能和定位，并逐步落实。

二、完善省级公路管理机构的职能设置

依据国家提出的收费公路和不收费公路管理体系，在省级层面只有两个管理主体更为合理，因此应对与公路相关的“四局一企”予以整合。建议保留吉林省高速公路管理局和吉林省公路管理局两个机构，其他机构不再作为行政机构。

（1）改制后的吉林省高速公路管理局，负责全省高速公路的建设、养护、路政和监督检查等职责。

（2）吉林省高等级公路建设局主要作为高速公路建设的项目法人，相当于省交通运输厅的项目中心，不再具备行政职能。

（3）吉林省公路管理局主要负责国省干道的建设、养护、路政和监督检查管理以及农村公路管理的指导。

（4）吉林公路路政管理局应整建制纳入吉林省高速公路管理局，主要从事高速公路路政管理，并指导普通公路的路政管理。原有开展的收赔偿费业务，属于民事责任，应纳入吉林省高速公路管理局的资产管理行政工作中。

（5）吉高集团作为省交通运输厅的融资平台，随着《国务院关于加强地方政府性债务管理意见》（国办〔2014〕43 号）的发布，这类融资平台将逐步取消，吉高集团只能作为企业经营存在。因此依据该规定，可以将吉高集团分成两个业务板块来运作，一是原有债务，即存量债务根据国家规定继续收费和融资；二是对于新建公路建设项目，只能是经营性项目，可采取 PPP（Public Private Partnership）模式发行专项债券等形式，采用特许经营模式来运营。

三、建立公路管理机构的养护资质审批机制

《公路安全保护条例》第四十六条第三款规定从事公路养护作业的单位要有“与公路养护作业相适应的作业经历”的资质条件。但从目前法律条文看，并没有明确地规定公路管理机构具有养护资质的审批权，这也导致在养护企业管理时容易被外界诟病。因此建议赋予公路管理机构具备养护资质的审批权，建立养

护审批运行机制，保障养护市场的稳定运行。

设立养护审批运行机制的依据是《公路安全保护条例》第七十条提出的吊销其资质证书的规定，根据行政许可法“谁发证谁吊销”的执行原理，吊销单位应与发证单位统一，即负责吊销的公路管理机构有权审批养护资质。因此，通过公路管理机构进行养护资质的审批，实现养护企业的市场化运作，保障地方养护公司能够做大做强。

第三节　改革的主要内容

一、指导思想

以党的十八届三中、四中全会精神为指导，依据法律、行政法规和国家交通运输部公路管理改革的要求，按照建设服务型、责任型、法治型、廉洁型政府部门的目标，着力转变公路行政管理的政府职能，重点是对公路管理理顺内外关系、优化组织结构、规范机构设置、完善体制机制，实现公路管理权责一致、分工合理、决策科学、执行顺畅、监督有力，为公路事业的发展提供体制保障。

二、基本原则

（1）坚持依法依规，以《公路法》《收费公路管理条例》《公路安全保护条例》等法律法规和中央有关规定作为推进公路管理体制改革的基本依据。

（2）坚持公益属性，以提高公共服务水平为主导，建立以社会公益类为主体的公路管理体系。

（3）坚持事权清晰，根据不同类型的公路服务功能，明确各级事权，推进政府与市场、决策与执行相分离，提高执行效率，合理划分职责，做到事权和责任对等、财权与事权匹配。

（4）坚持统一管理，整合优化公路管理资源，实现公路路网一体化管理。

（5）坚持积极稳妥，统筹考虑改革的力度与行业发展的可承受度，依据各地实际情况制定具体改革实施方案，有计划、分阶段稳步实施。

三、总体要求

认真贯彻落实党的十八大和十八届三中、四中全会精神，全面深化公路行政管理体制改革，以服务全面建成小康社会、推动公路交通科学发展、安全发展为目标，围绕畅通主导、安全至上、服务为本、创新引领，改革和理顺公路管理体制机制，改进和加强公路管理工作，建立事权清晰、财力与支出责任相匹配的公路养护资金保障体系，责权一致、运行高效、监管有力的公路管理体系，公众满意、安全可靠的服务保障体系，为经济社会又好、又快地发展提供更可靠的公路基础设施保障。

四、主要内容

1. 建立事权和支出责任与体制相适应的公路管理分级制度

按照“国道国管、省道省管、农村公路县乡管”的改革方向，逐步厘清各级人民政府在公路网中相应的公路管理事权和支出责任。国道作为中央事权，行政管理工作由中央委托省级人民政府实施，中央政府加强监管和协调。省道行政管理事权由省级人民政府承担。农村公路行政管理事权由县、乡级人民政府承担。

2. 建立决策、执行、监督分离并相互制约的公路行政管理体制

按照“决策、执行、监督分离并相互制约”的交通运输大部门行政管理体制要求，省、市、县三级交通运输主管部门主要承担公路管理的行政决策职能，包括公路管理地方法规规章的起草、地方标准的起草、地方政策的起草与制定职责。省、市、县公路管理机构主要承担公路管理的行政执行职能，包括作业单位资质管理、行政处罚、行政检查、路产保护等行政执法职责。

3. 建立统一的公路行政管理体制改革

根据“政事分开、政企分开、事企分开”原则，按照吉林省事业单位改革的统一步骤，整合归并公路管理机构，转变职能，减少机构、人员及管理层级，由省级人民政府确定省公路管理局对国道、

省道实施统一管理，建立三级公路管理体制，主要承担公路管理的行政执行职能；对农村公路管理进行指导和监督；省公路管理局在各市、县设置区域性派出机构公路管理机构，代表省公路管理局具体实施国道、省道的行政执行和对农村公路管理的指导。区域性派出机构，可下设三个事业性质的中心：一是国道、省道干线公路的应急保障中心，承担突发事件的养护及时修复公路、恢复通行职责；二是路网信息服务中心，承担收集、汇总公路损毁、公路交通流量等信息，开展公路突发事件的监测、预报和预警工作，并利用多种方式及时向社会发布有关公路运行信息职责；三是建设养护项目中心，主要负责公路建设养护大中修工程的招标等职责。

县级政府作为农村公路建设和养护管理的责任主体，承担农村公路建设和养护的支出责任。省交通运输厅农村公路管理处和市级交通运输主管部门主要负责对农村公路建设的行业监督管理工作。农村公路的具体事权由县级交通运输主管部门下设的农村公路管理机构具体承担。县交通运输主管部门，应进一步落实农村公路管理机构人员设置，完善县、乡、村三级管养体制，改变农村公路管养缺位的现状。

4. 建立运转高效的公路养护运行机制

因地制宜，分类有序推动公路养护市场化改革，通过合同、委托承包或者向社会购买服务等方式，建立政府与市场合理分工的公路养护生产组织模式。公路大中修养护工程、养护技术咨询服务等业务，逐步实行市场化运作，在有资质的养护作业单位中公开招投标或者采取政府购买服务方式进行。公路日常小修保养、灾毁抢修、应急保通等具有公共服务性质的基本养护作业，可发挥基层公路养护作业单位及政府组建的区域性公路应急养护保通队伍的作用。养护作业单位可以按照“规模化、标准化、机械化、专业化”要求，进行必要的整合优化资源，扩大作业覆盖面，提升专业性能，发挥其在公共服务、应急抢险和日常小修保养中的作用。

农村公路的专业性养护，可通过合同、委托等方式由专业化养护队伍承担，日常养护可通过政府购买服务的方式择优选择公路沿线群众参与。

5. 建立公路养护管理资金可持续保障机制

国家实施成品油价格和税费改革后，新增成品油消费税收入基数返还中替代公路养路费支出部分和增量资金中相当于养路费占原基数比例的部分，实行专款专用，全额用于普通公路养护管理，不得用于公路建设，不得挤占或者挪作他用，确保用于公路养护（包括大中修、小修保养和其他养护管理）的资金比例不低于80%。根据财权与事权相匹配的原则，国省干线事权为省公路管理局，相应财权支出责任为省财政厅。省公路管理局及其派出机构对国省干道的养护资金进行管理，采取委托、招投标等形式将相应的养护作业交由养护作业单位实施，养护资金从省财政下拨至市财政后，直接转移到养护作业项目，实现财权和事权的统一，保障养护作业的直接监管和实施力度。

农村公路养护资金统一由省级人民政府交通运输主管部门根据农村公路养护计划，综合平衡，统筹安排，专款专用。除市、县两级财政资金外，其余资金全部由省级人民政府交通运输主管部门根据农村公路养护计划拨付县级人民政府交通运输主管部门；市、县两级财政资金由相应的财政部门拨付县级人民政府交通运输主管部门；农村公路养护资金纳入国库集中支付改革范围的，按照国库集中支付的有关规定办理。

五、改革的步骤与配套措施

1. 改革的步骤

公路行政管理体制的改革涉及人员多，情况复杂，因此，应采取渐进式改革模式。国道、省道行政管理体制的改革可以分两步实施，一是省、市两级公路管理局及分局先行先试；二是县级公路管理机构一般应当在当地事业单位改革及养老保险统筹解决之后实施。农村公路行政管理体制改革按照地方人民政府要求的步骤实施。

2. 改革的配套措施

1）落实省交通运输主管部门及其他有关部门的责任

省交通运输主管部门应当加强与省财政厅、发展改革委员会、编制委员会办公室及各市人民政府的沟通与联系，制定省市、县公路管理机构改革的实施方案。方案要明确相关部门的责任和分工，确保改革顺利推进。对涉及机构改革、职能调整、人员安置等重大敏感事项，要充分发挥主导作用。

2）加强监督考核

将公路养护财政保障、质量、路网服务和运行安全纳入各级地方政府经济社会发展考核指标体系，加快建立公路管理监管考核制度。以提升公路服务水平为重点，健全公路养护监管标准，明确监管职责，创新监管方式。建立监管考核结果与公路养护资金分配挂钩的奖惩制度。

3）提高公路养护作业绩效

加强日常养护管理，定期开展公路养护巡查，及时修护公路设施故障，做好公路保洁、绿化和路基防护等基础性、保养性工作，保持公路良好的通行环境和技术状态。按照全寿命周期养护成本最小化理念，安排专项资金，全面开展预防性养护，实现公路养护由被动养护向主动预防转变，提高养护成效。对国省干线公路大中修工程实行省级统筹安排制度，每年实施大修和中修的比例原则上不低于养护里程的4%和8%。实施组织对国省干线公路中的“断头路”和“瓶颈路段”改扩建，逐步提升公路等级和路网整体服务水平。

4）加强安全应急保障体系建设

强化桥梁、隧道、山区公路等重点设施的安全保护，定期组织安全隐患排查治理，加大路域环境整治力度，完善国省干线公路安全防护设施，改善农村公路安全设施防护条件。建立公路技术状况定期监测制度，加强重大桥梁和长、大隧道安全运行动态监管，及时消除安全隐患。完善公路应急管理体系，结合基层公路养护作业单位建设，组建必要的公路应急抢险保通专业队伍，推进公路交通应急物资储备中心建设，构建覆盖国省干线的灾害预报预警体系，全面提高公路应急保障能力，确保路网安全运行。

第四节　改革成本效益分析

基于本文提出的改革成本效益评估模型，从实施成本和摩擦成本等方面，对新方案进行改革成本效益分析，见表3。

改革实施前后的成本效益分析　　表3

成本	评估内容	具体指标	现状	新方案
实施成本	管理成本	财力拨付方式改变对省、市、县三级主管部门的影响	省财政到县财政	省财政到市财政，地市加强管理和监控
		人事管理改变对省、市、县三级主管单位的影响	统筹考虑上级及地方利益	有效执行省级任务和目标
		物权管理改变对省、市、县三级主管单位的影响	公路管理受限地方政府	独立于地方政府
	经济成本	单位性质变化带来的经济成本	资金不足	省级统筹管理
		人员身份变化带来的经济成本	与当地沟通顺畅	沟通不畅，协商机制不全
		资金来源变化	地方配套不足	无须地方配套
	社会成本	目标执行程度	政令不畅	政令畅通
		单位性质变化带来的社会效益	管理的开放性	管理的封闭性
		人员身份变化带来的社会效益	人员流动少	人员合理流动

续上表

成本	评估内容	具体指标	现　　状	新方案
摩擦成本	摩擦损耗	资源浪费	无法资源优化	统筹优化资源
		工作效率	地方政府统筹管理	省级交通运输主管部门统筹管理
		权力的监督	权力的有效监督	权力的监督弱化
		社会不稳定性	改革幅度大，存在一定社会稳定性隐患	增加一定的事业单位机构，减少社会不稳定性
	补偿费用	身份转换费用	实施成本小	改革成本小
		社会保障费用	实施成本小	改革成本小

通过上述分析，相比当前公路管理体制导致的政令不畅以及公路养护事业力不从心的现状，实行垂直管理后，对公路管理将会出现高效和顺畅的局面，实现政令畅通和政策的有效执行，保证高效完成国省干线的公路管理工作。而市、县两级管理机构由于具有了独立性，摆脱了地方影响和干预，实现了人员的合理流动，资金的合理调配，优化现有的资源配置，保证公路养护和管理的健康发展。而对吉林省而言，由于已经经过了一轮改革，实行垂直管理后的人员成本并没有大幅增加，也就不会带来因资金问题导致的社会不稳定，也为垂直管理扫除了后顾之忧。但同时也应该看到，垂直管理的独立性使得公路管理机构与地方政府变得相对独立，在重大事件发生时或公路管理机构需与地方政府配合完成任务时，容易存在沟通不畅的情况。而由于垂直管理的封闭性，容易对公路行政管理权力的监督弱化，导致以权谋私现象发生。因此建议在建立垂直管理体制的基础上，还必须加强第三方监督，即对公路管理的监督，避免公路管理机构滥用职权。

第七章
其他省份公路管理体制改革的实践

第一节　四川省公路养护体制改革

新中国成立以来，四川省公路养护管理体制进行过四次改革。2006年，又着手深化公路养护管理体制改革，以构建规范、高效、协调的公路管理体制和竞争有序、充满活力的公路养护运行机制。

改革的基本原则：坚持市场化的改革开放，事、企分开，管、养分离；坚持以地方政府为主，市为中心、县为基础；坚持积极稳妥、分类指导、逐步推进。

改革的目标和步骤：2006年以前，市县管、养分离，事、企分开，设置统一的公路管养机构，规范配置其职能职责；养护生产单位全部改为企业，具备条件的同步推进所有制改造；建立模拟养护市场，在公路行业内部形成竞争机制；改变养护生产计划管理模式，实行养护工程费制度和招投标制度；公路职工全部参加社会基本养老保险。2006－2010年，大力培育养护市场主体和中介组织，公路养护市场化，建立起"公开竞标、合同管理、工程监理、社会监督"的公路养护运行机制。

改革的政策措施有以下几项：

（1）养护生产单位转制后职工的社会保障政策。转制后的养护生产单位，所有职工均参加城镇企业职工基本养老保险。养护生产单位已参加当地城镇企业职工基本养老保险的，继续按预案办法执行。转制前已经离退休的人员，院离退休费待遇标准不变。转制前参加工作、转制后退休的人员，基本养老金计发按照企业的办法执行。转制后职工的失业、医疗等保险关系，按照相关规定办理。

（2）事业单位转制为企业后，按照《中华人民共和国劳动法》规定，与职工签订劳动合同，建立劳动关系，健全工资收入分配的激励约束机制。

（3）养护生产单位转制为企业后，在2010年前给予养护企业财政扶持，在财政预算支出中列支相当于该企业纳税额的专项资金，用于支付养护生产单位改革成本。

（4）工商部门在养护生产单位转企后办理注册登记和营业执照时，适当放宽养护生产单位在净资产等注册条件方面的限制。

（5）建设部门积极支持养护且有申请办理公路工程建设资质。

（6）原养护生产单位凡用于养护生产的资产、设备均应清产核资后划拨给转职后的国有养护企业。

第二节　浙江省公路管理机构改革

1. 建立统一高效的公路管理机构

首先要完成市、县两级专业公路管理机构和县、乡公路管理机构合并工作；其次在各市、县（市、区）公路管理局（处）、段分别增挂以“块”为主的公路路政管理支队、大队牌子，有高速公路的市，在路政管理支队下设高速公路路政大队。高速公路路政大队原则上按“一路一中队”的要求进行设置；三是县（市、区）有两个路政大队以及路政大队与公路段分设的，应结合公路管理体制改革一并合并。

2. 推行管、养分开，事、企分开

浙江省用一年时间，基本实现公路管理与养护生产分开，事业与企业分开。并根据市、县公路管理机构定员标准，用半年时间完成了公路管理人员的配置。未进入管理岗位的现有公路管理机构人员，全部进入养护公司，使养护公司能自主经营、自我发展。

3. 按市场化运作方式组建公司

要求各公路部门以大公路站、沥青拌和中心等为依托，组建公路养护公司。养护公司要成为自主经营、自负盈亏的企业独立法人，并通过招投标获得养护工程。公路管理部门要通过合同管理计量支付养护资金。同时，要将附属于公路管理机构的工程公司、生产厂站和服务性机构实行转制，使其成为自主经营、独立核算的企业法人。新组建的公路养护公司可为国有独资或控股企业。目前，全省公路部门的施工企业、三产企业已全部与公路部门脱钩。

第三节　北京、江苏、云南、山东等省市公路管理体制改革

1. 管理机构规格高

北京、云南等省（市）公路局为副厅级单位，局内设的处室为处级，主管全省公路的建设、养护与管理工作。北京市、江苏省公路局还负责养路费征收工作。大部分省公路局都在按“一省一局，一路一公司”的方向在改革。

这些省市的地、市、州公路主管部门都是正处级单位，县公路局都是正科级单位。北京市、云南省的市级公路局是省公路局的下属单位，县公路局是市公路局的下属单位。山东省的市公路局是市政府的一个部门，由省公路局直接拨付建设、养护资金，市公路局长人选需征求省局意见。江苏省的市公路处是市政府二级局，归市交通运输局业务指导。这些省所有县公路局（分局、处）都是市公路局（分局、处）的下属单位。这样的体制，省局对市局、市局对县局都便于管理，养护资金不外流，可以做到令行禁止。不管人事权在省还是在市（地），市（地）政府（行署）都把市（地）公路局看作自己的一个部门，参加会议，布置工作，有问题政府出面协调，还以政府的名义为公路养护与管理工作出台了若干规定和办法，公路局与政府之间的关系相当融洽。

2. 实行纵向管理

省和市之间资金实行直接拨付。省公路局将养护资金直接

拨付给市公路局，市公路局直接将资金拨给县公路局，没有任何中间环节，保证了资金及时、足额到位。云南、北京等省市人、财、物都实行纵向管理，统一安排人事，基本避免了地方在人事调动与人员安排上的干预，控制了人员超编。北京市公路局管养公路5200千米，养护职工仅2000多人，平均每2.5千米配备1名养路工，江苏省公路局列养公路2.5万千米，现有养路职工12 500人（三分之二是建勤工），平均每2千米配1名养路工。由于人手少，养护成本也大大降低。

3. 实施公司化管理，降低养护成本

以云南省为例，他们运用内部市场竞争来刺激、调整养护事业的发展，推行公司化管理模式，收到了良好的效果。

首先，养护工程实行内部招投标。10千米以上的大修工程在全省公路系统范围内招标，10千米以下的工程在市（地）、州范围内招标，并且实施第三方监理，不但打破了地方垄断，而且降低了养护工程造价，提高了工程质量。1998年，云南省通过内部招投标，节省养护工程资金4000多万元。

其次，小修保养实行议标，公路局根据以往的资金基数对总段拨款，总段对公路段的小修保养经费实行议标的形式确定，段对道班的养护实行招标合同管理。1998年全省压缩非生产性开支达1500多万元。

第四节　江西省公路管理体制改革

2002—2003年，江西公路管理体制在省委、省政府的推动下实施改革，改革自1976年以来的“条块结合、以条为主、分级负责”的相关体制，将原隶属于省公路管理局的各公路分局人、财、物和公路建设、养护、管理责权下放设区的市政府管理，新成立的设区市公路部门在业务上接受省公路部门的行业管理，对市、县公路部门实行人、财、物垂直管理。

改革的基本原则是“三下放，两不变，一分成”。三下放，即公路分局人、财、物整体下放，公路建设、养护管理责权下放，公路建设既有债务下放。两不变，即交通稽征体制维持不变，高速公路建设管理体制维持不变。一分成，即公路规费按确定比例分成用于公路建设、管理、养护和还贷等。

改革后的公路管理体制为：原省管养的国省道公路和省养的县道下放给设区市负责建设、改造、养护大中修和管理，各市（地）公路部门及其所辖公路段和直属单位在保持原行政级别、机构设置、人员编制的基础上，成建制下放给各设区人民政府管理，业务上接受省公路部门的行业管理。

改革后，江西省公路建设的债务迅速膨胀，为此，根据省政府的要求，省交通运输厅继续为各地新建项目进行贷款担保；2005年又将体制改革时下放债务的80%，即30亿元上收，由交通运输厅承担。这一变化表明，作为江西省改革基本原则的三下放缺乏坚实的经济基础。

从市的角度来看，改革的效果也不令人满意。赣州市组建了公路建设投资公司和建设工程公司，实行建、管、养分离，但是公路运输的速度不是快了，而是慢了，许多应该开工的项目没有开工。2005 年 11 月，赣州市委、市政府对交通管理体制再次进行新的改革，该市甚至设计了大交通的改革方案。但在实施进程中遇到了一些难以逾越的障碍，根本原因是由于一个地级市的局限。中央明确指出，行政管理体制改革过程中，要减少行政层级，在新的行政生态环境中，公路管理体制改革已经不宜再强调地级市的中心地位

江西段改革表明，目前一些省实行的“条块结合、以块为主”的公路管理体制存在较大的问题。其根源是将统一的路网进行部门分割、地区分割，强化了与计划经济及相适应的部门行政管理体制，阻碍了与市场经济相适应的公共行政发展。

第五节　湖北省公路管理体制改革

一、现状分析

1. 省级公路管理机构现状

湖北省省级公路管理机构设置为“一省两局”模式，将高速公路和普通公路分开管理，分别是湖北省交通运输厅高速公路管理局和湖北省交通运输厅公路管理局。湖北省交通运输厅高速公

路管理局和湖北省交通运输厅高速公路路政执法总队一门两牌。具体职责为承担全省高速公路收费、路政、养护、资产及投资等行业管理职能。湖北省交通运输厅公路管理局主要职责是负责全省公路路政管理工作（除高速公路），负责国省干线公路规划、建设与养护的行业管理及市场监管，负责农村公路网规划及建设管理。

2. 市（地）公路管理机构现状

湖北省市（地）级公路管理机构，主要管理辖区内的国省干线，并指导县级公路管理部门进行公路管理。但目前地市级公路管理机构的定位最不明确。其人事权在地方，而行业管理既要服从地方交通运输主管部门领导，行业监管又要服从省级公路管理机构指导。在对县级公路主管机构进行公路养护监管时，由于财权和人权都在地方政府，导致地市公路管理机构没有有效监管手段对县级公路管理机构进行监管。

3. 县级公路管理机构现状

县级公路管理机构依公路养护主体不同，一般分为两个机构：一是普通公路管理部门，受上级交通运输主管部门委托管养辖区内的国省干道；二是受县人民政府委托，管养县域内农村公路。但也有一些县由于农村公路养护管理经费缺乏，县政府并没有单独成立农村公路管理机构，而是将农村公路的养护职责并入公路局，让县级公路管理机构统筹国省干线和农村公路。

4. 公路管理的行政管理体制

湖北省公路管理的行政管理体制是“条块结合、以块为主”的公路管理体制。主要是省交通运输厅下设省公路管理局，省公路管理局在省交通运输厅的直接领导下，对各市公路管理部门、县公路管理部门实行行业管理和业务指导。各级公路养护单位分别直属于地方各级政府管理，即市级公路局隶属于市交通运输主管部门管理，县公路养护单位隶属于县交通运输主管部门管理，市公路管理部门与县公路养护部门之间为业务指导关系。由于人权、财权在地方，事权在上级，人权、财权、事权三者的不统一导致上级和地方在公路养护上的不协调。地方政府希望公路建设和养护能够服务于地方发展，而省厅根据现有的资金资源，会综合全省情况进行综合考虑。当资金下拨到地方后，地方政府经常不会配套相应资金，甚者还会延期拨付下达资金，导致公路建设和养护资金跟不上进度，影响公路建设和养护的健康发展。

5. 普通公路养护生产运行机制现状

国省干线小修保养由市、州公路管理局（处）按省公路管理局的统一规划和年度计划委托县市公路管理段实施，采取公开投标、邀请招标和委托等形式确定小修保养单位，也可以根据实际情况自行组织养护生产。

省公路管理局负责对国省干线公路养护大修工程进行批复、并下达项目计划；市、州公路管理局（处）负责对国省干线公路养护大修工程进行行业监管，组织或参与竣工验收；县公路管理机构按照批准的养护工程计划，组织国省干线公路养护大修工程实施，承担施工招标、施工管理、计量支付、交工验收、工程决算等工作。

受市县交通运输局委托，县公路管理机构实施农村公路的小修保养，通过招标、委托和自行组织养护的方式进行养护生产。县公路管理段按照批准的养护工程计划，组织农村公路养护工程的招投标和发包工作，检查验收养护工程质量。农村公路小修保养及大、中修工程招投标，在同等条件下，应优先考虑原各级公路管理机构分离转制后成立的各类经济实体，确保养护队伍稳定和养护公司的发展。

二、改革的主要内容

根据湖北省交通运输厅组织编制的《湖北省省道网规划研究报告（2011－2030年）》提出的“普通干线公路网规划方案”，“十三五”期间，湖北普通国道约9 377千米，普通省道约18 740千米，普通干线公路网共计约28 117千米。考虑到国省道的养护包括大中修、小修保养、危桥工程、安保工程和行业管理经费，如果国省道养护全部由省级财政负担，则需要费用455.5亿元，平均每年养护经费需求91亿元左右，与当前国家和省级政府拨付的养护经费相比，差距过大。如果全由国家转移支付和省级财政拨付，将难以实现这一养护规模和目标。因此结合职能分解的理论，湖北省改革应采取渐进式改革模式，不能一步就实现三级垂直管理的公路养护体制，而是根据事业单位改革渐进进行的步骤，先过渡到省、市垂直管理体制，把地市公路管理机构先作为省级公路管理机构的分局作为派出机构，县级公路管理机构作为养护作业单位参加事业单位改革，满足国省干线养护的需求，等机会成熟后实现省、市、县三级垂直管理体制，真正实现事权和责任的统一。

按照“国道国管、省道省管、农村公路县乡管”的改革方向，国省干线事权由省人民政府指定省交通运输厅公路管理局承担，市级公路主管部门主要承担行业指导和监管责任，县市公路主管部门负责组织实施。各级公路管理机构责任分别如下：省交通运输厅公路管理局，参与制定地方公路法规，制定并下达国省干线公路管理制度、办法，制定并下达养护计划、批复施工图设计、对养护管理进行行业监督和业务指导、收集发布公路信息、安全保障应急；市级公路管理机构，上报建议计划，分解年度计划，审查施工方案，对养护工程进行行业监管和业务指导，收集发布境内公路信息、安全保障应急；县市公路管理局，承担施工招标、施工管理、计量支付，交工验收，工程决算，收集发布公路信息，安全保障应急。

农村公路管养的责任主体是县乡人民政府，其事权由各级地方政府确定。省交通运输厅下设的农村公路管理处主要承担农村公路相关政策法规的参与制定、宣传和行业监管等事权；市级交通运输主管部门负责行业指导和监管；县市交通运输主管部门下设的农村公路管理机构或乡镇人民政府具体负责组织实施。

参考文献

[1] 朱伽林．有关公路商品属性的经济学分析 [J]. 交通企业管理，2010（4）：36-37.

[2] 贺向阳，张庆年．公路属性的分析认识 [J]. 研究探索，2006（11）：74-75.

[3] 龚喜密．浅谈公路养护改革的方向 [J]. 交通财会，2000（2）：12-13.

[4] 杨继勇．公路养护体制的改革及其市场化运作 [J]. 山西交通科技，2004（3）：83-85.

[5] 徐长荣．对公路养护体制改革探讨 [J]. 内蒙古科技与经济，2009，185（7）：110-111.

[6] 周灵芝．国外高速公路养护体制对我国的启示 [J]. 交通标准化，2007，161（1）：102-103.

[7] 张海燕．公路养护市场化改革探讨 [J]. 山西科技 .2011，26（6）：31-32，39.

[8] 吴琼，刘萍萍．公路养护机制改革的探索 [J]. 科技信息 .2011，（21）：320，344.

[9] 李纯．农村公路养护管理模式的研究 [J]. 公路，2007（6）.

[10] 么建新．农村公路养护管理的若干建议 [J]. 交通世界，2011（Z1）.

[11] 丁俊．公路养护管理工作探讨 [J]. 江西建材，2011（4）.

[12] 贺晓良．公路养护的困境及对策 [J]. 湖南交通科技，2003(3).

[13] 赵宝平 . 国内外公路养护技术分析研究 [J]. 交通标准化，2005（5）.

[14] 傅航，等 . 地方交通运输大部门体制改革实施策略探讨 [J]. 交通标准化，2009.

[15] 章权，等 . 广东省公路行政管理体制改革研究 [J]. 交通标准化，2010.

[16] 刘捷 . 浅谈湖南省交通公路管理体制改革 [J]. 中国水运，2010（5）.

[17] 元远 . 普通公路养护管理现状及对策 [J]. 中国水运，2010（4）.

[18] 陈贻龙，邵振一 . 运输经济学 [M]. 北京：人民交通出版社，2001.

[19] 康芒斯 . 制度经济学 [M]. 北京：商务印书馆，1997.

[20] 郗恩崇 . 公路经济学 [M]. 北京：人民交通出版社，1998.

[21] 刘靖华，等 . 政府创新 [M]. 北京：中国社会科学出版社，2002.

[22] 盛洪 . 寻求改革的稳定形式 [M]. 上海：上海财经大学出版社，2002.

[23] 樊纲 . 渐进改革的政治经济学分析 [M]. 上海：上海远东出版社，1996.

[24] 保罗•A. 萨缪尔森，威廉•D. 诺德豪斯 . 经济学 [M]. 北京：机械工业出版社，1998.

后记

为提升普通公路管养水平，促进普通公路行政管理体制的改革与创新，解决好当前公路管理体制面临的诸多难题，2013年，吉林省公路管理局承担了吉林省交通运输厅下达的《吉林省公路行政管理体制改革关键环节研究》课题研究项目。课题组前后历经两年多的时间，进行了大量的研究分析，根据实地调查和预期设计，重点围绕我国公路管理体制改革的理论与实践，充分借鉴国外公路管理体制改革经验，系统分析了我国公路行政管理体制现状以及吉林省公路行政管理体制特点，横向对比分析了其他省份在公路管理体制改革的具体做法，研究界定了公路管理机构的职责定位。提出了公路管理机构的职能设置方案；提出了公路管理事权与支出责任相匹配、与行政体制相适应的吉林省公路行政管理体制；建立了行政管理体制的改革成本评估模型，并应用该评估模型对吉林省公路行政管理体制进行了改革成本分析；提出了适合吉林省公路管理实际的有利于提升国省干线管养水平，有利于加强行业监管力度的省、市、县三级公路管理机构设置意见，为吉林省公路管理体制改革提供了政策依据和实践方向。

本项目的研究，做了有益的探索和尝试，符合国家“十三五”规划纲要关于构建发展新体制的战略部署，符合交通运输部关于在新常态下大力推进结构性改革的要求。不仅对区域性公路管理体制改革有指导作用，而且对于全国公路管理体制改革具有重要参考意义。

在本书的编写过程中，得到了交通运输部相关司局领导，吉林省交通运输厅相关领导、企事业单位和科研院所的大力支持；李兆良、刘家镇、王潮海、刘占新、陈东丰、马永辉、李长江、胡雪峰、王晓玉等领导和专家对本项目提出了宝贵意见，在此一并表示感谢。

龙海波

2016 年 3 月